AVEC MES CHIENS
L'ODYSSÉE SAUVAGE

NICOLAS VANIER

AVEC MES CHIENS

L'ODYSSÉE SAUVAGE

6000 km à travers Mongolie, Chine et Sibérie

Adapté par Christine Féret-Fleury

hachette

© XO Éditions, 2014, pour l'édition originale.

Images et couverture : © 2014, par Philippe Petit / Paris Match et Nicolas Vanier / Taïga.

Adapté pour la jeunesse
par Christine Féret-Fleury.

© XO Éditions / Hachette Livre, 2014, pour la présente édition.
Hachette Livre, 43, quai de Grenelle, 75015 Paris.

1

19 décembre. – 31 °C.

— Du calme, les chiens !
Ils sont dix.
Ils savent que ce n'est pas un entraînement de plus.
Il y a le poids inhabituel du traîneau, mon émotion que mes chiens perçoivent mieux que quiconque. Et aussi cet attroupement d'une trentaine de personnes venues assister au départ car, dans ce petit village sibérien de Data, au bord de l'océan Pacifique, les événements sont rares.
Les chiens sont tellement excités que certains, comme Dark et Wolf, mordent dans les traits pour tenter de se libérer de ces liens qui les retiennent.

Ils n'en peuvent plus d'attendre.
— Dark ! Wolf !
Je les caresse et essaie de les calmer. En vain ! Ils n'aspirent qu'à une seule chose : courir.
Je remonte tout l'attelage jusqu'à Burka, la chienne de tête, la seule à faire preuve de tenue ! Elle suit avec attention chacun de mes gestes. Elle sait que tant que je n'aurai pas pris position derrière le traîneau, il n'y a rien à espérer.
Je regarde l'océan pour m'imprégner de cette image : le point de départ de mon projet fou, l'odyssée sauvage, six mille kilomètres à travers la Sibérie, la Mandchourie puis la Mongolie, jusqu'au plus grand lac du monde, le Baïkal.
Burka me regarde avec des yeux pleins d'amour.
— Je compte sur toi, ma belle.
À son côté, Quest cherche à capter mon attention. J'approche délicatement mon nez de sa truffe.
— Je compte aussi sur toi, ma Quest !
Je remonte ainsi tout l'attelage. Il y a les deux frères, Happy et Kali, les plus jeunes guerriers de ma bande. Kamik, le souffre-douleur de la meute, à côté duquel j'ai placé Kazan, un autre chien de nature soumise. Puis Unik, le bosseur, qui forme un excellent duo avec

Miwook, un autre coureur infatigable. Les chiens, à mesure que je me rapproche, deviennent hystériques, à l'image de Dark qui se met à hurler. Wolf, le chef de meute, fait des bonds en avant pour essayer de décoller le traîneau, pourtant retenu par une corde. Elle va finir par céder si je ne pars pas bientôt ! Et ce n'est pas un traîneau, mais une fusée, que je vais devoir contrôler au départ !

Les premiers kilomètres vont se faire sur un terrain semé d'obstacles : rochers, troncs d'arbres morts, glace. Je regrette un peu de l'avoir choisi. Mais j'en verrai bien d'autres sur les six mille kilomètres qui me séparent du lac Baïkal !

Lorsque je prends ma place, les deux pieds sur les patins du traîneau, Burka se retourne, attendant mon ordre. Les chiens piétinent impatiemment sur le sol gelé. Une brusque émotion m'envahit.

Je tire sur le largueur et, le cœur battant, je m'exclame joyeusement :

— Les chiens ! Allez !

Ils s'élancent. C'est à peine si j'entends les cris enthousiastes des spectateurs. Souple, les genoux fléchis, un pied sur le frein pour bien orienter la proue de mon traîneau, je négocie un premier virage, aussitôt suivi d'un deuxième. J'évite de justesse une grosse souche alors que nous galopons sur une piste hérissée de pierres recouvertes de glace. Burka manœuvre avec brio, mais le train reste trop rapide ; je ne parviens pas à ralentir l'attelage, car mon frein ne mord pas suffisamment dans la couche de neige verglacée. Le traîneau vire sur un patin, commence à déraper, et, alors que les chiens attaquent un nouveau virage, heurte par chance un caillou – ce qui rétablit *in extremis* mon équilibre et m'évite une mauvaise chute.

Je négocie encore deux virages un peu serrés, puis je respire enfin dans une longue ligne droite, en pente douce, que les chiens avalent avec facilité. Ils ne ralentissent qu'en atteignant la glace vive de la rivière Tumnin, que nous allons suivre sur plus de vingt kilomètres.

L'idée initiale était d'emprunter le lit gelé de ce fleuve sur quelques centaines de kilomètres, mais les températures trop élevées, fait exceptionnel en ce début d'hiver, rendraient la progression périlleuse. S'engager sur une couche de glace trop fine est suicidaire. Il n'est donc pas question de s'aventurer au-delà de ces vingt premiers kilomètres de piste, tracés par un chasseur. Ce dernier a repéré les passages où, grâce au faible courant, la couche de glace est plus épaisse. Ensuite, il nous faudra progresser sur la terre ferme, à travers la taïga et les montagnes où les sentiers praticables avec les chiens sont rares.

Les chiens ne sont pas à l'aise sur cette surface bleutée, très glissante, et ils ralentissent un peu. Je ne suis pas plus rassuré qu'eux. Nous sommes lourdement chargés : plus de cent kilos de matériel dans le traîneau auxquels s'ajoute mon poids, environ quatre-vingt-dix kilos dont plus de quinze kilos de vêtements. Les chiens doivent le sentir ; ils cherchent à rejoindre la rive, pourtant envahie par la végétation. Or, plus nous nous approchons des berges, plus les risques de passer au travers de la glace augmentent, car le courant y est souvent plus fort.

— Non, Burka ! *Djee ! Djee !*[1]

Elle rechigne à suivre cette piste que nous perdons souvent, notamment dans les zones de glace où la motoneige du chasseur n'a laissé aucune trace. Beaucoup de chiens tentent eux aussi de faire dévier la trajectoire du traîneau pour retrouver la terre ferme. Je ne peux pas leur en vouloir. Pourtant entraînés depuis leur plus jeune âge dans le Vercors, c'est la première fois de leur vie

---

1. Pour les termes relatifs aux chiens de traîneau et aux paysages du Grand Nord, vous trouverez un glossaire en fin d'ouvrage. (*Note de l'éditeur.*)

qu'ils voient une rivière gelée. J'alterne encouragements et ordres sévèrement répétés pour ne pas les laisser céder à la panique quand ils entendent le sinistre craquement émis par la glace à leur passage...

— Ça va aller, les chiens ! Allez, ma Burka. Oui, Quest...

Quest se retourne un quart de seconde, me signifiant qu'elle apprécie le fait que je l'encourage aussi bien que sa rivale. La cohésion de la meute dépend également de cela. Aucun chien n'est plus important qu'un autre et chacun a besoin d'être valorisé.

— C'est bien, Dark ! C'est bien, Unik !

Et ainsi de suite.

Nous parvenons à rejoindre un bras mort où la glace est plus épaisse et, de surcroît, recouverte d'une mince couche de neige sur laquelle les pattes des chiens accrochent ! Ils repartent au grand galop et je laisse faire, heureux de les voir filer avec entrain sur la belle surface blanche.

Je peux alors goûter au plaisir d'avoir enfin entamé ce grand voyage. Un rêve caressé depuis si longtemps, pour lequel j'ai tant bataillé, afin de trouver une solution à tous les problèmes administratifs, financiers et logistiques qui n'ont cessé de se poser ! Pierre et Arnaud, deux fidèles, m'ont bien aidé dans cette tâche. Ils ont effectué, l'hiver dernier, une longue mission de reconnaissance pour tracer un parcours et trouver des villages-étapes où déposer de la nourriture pour les chiens.

Pour cette première étape, j'emprunte une piste utilisée par un chasseur local, Nicolaï, que je devrais rencontrer dans la montagne. Puis je rallierai ensuite un petit village installé le long de la ligne de chemin de fer BAM (Baïkal-Amour-Magistrale) et suivrai les routes forestières qui relient tous les villages bordant cette ligne. Alain et Fabien, que nous appelons dans notre jargon d'expédition les « pisteurs », se chargeront de valider ces pistes, d'en tracer les tronçons manquants. Devenus bons amis avec Nicolaï, ils ont déjà tracé avec lui, dans un bon mètre de neige, une piste sur la seconde moitié de l'itinéraire en montagne.

Ici, sur la rivière, l'enneigement est très faible : nous retrouvons vite la glace que les chiens exècrent. Il faut les voir, tendus, glissant, se rattrapant tant bien que mal. Nous devons continuer ; je l'explique aux chiens alors que nous nous accordons une petite pause derrière une île où un peu de neige, à l'abri du vent, s'est accumulée. Neige que les chiens mangent pour se désaltérer. Je sais qu'ils sont sensibles à mes intonations rassurantes.

— Encore cinq petits kilomètres et on va quitter cette rivière pour une belle piste sur la terre ferme. Vous allez voir, ça va être formidable !

Ils repartent avec entrain, comme s'ils avaient hâte d'en finir. Par endroits, de l'eau recouvre la glace. Nous évitons ces zones car les chiens en ont peur.

Enfin, nous arrivons à la hauteur de deux cabanes en bois construites sur la rive nord du fleuve : c'est ici que la piste de Nicolaï commence. Les chiens sont aussi heureux que moi de retrouver la terre ferme. Placés immédiatement devant le traîneau, Wolf et Dark peuvent exprimer leur puissance et se dépenser un peu. Le sentier, qui coupe une forêt de trembles, de conifères et de bouleaux clairsemés, nous mène sur une hauteur : je jette un dernier regard sur la vallée au fond de laquelle brille le serpent de glace de la rivière.

— Je vous l'avais bien dit, les chiens ! C'est pas le pied, ici ?

En guise de réponse, ils se remettent à galoper, tout en s'enivrant d'odeurs de lièvres et de perdrix dont nous croisons partout les traces.

2

Les chiens dévorent les kilomètres comme s'il s'agissait de savoureux morceaux de viande. Nous traversons des forêts magnifiques, pleines de traces d'animaux : cerfs, élans, chevreuils, sangliers. Je comprends mieux pourquoi Nicolaï a installé sa cabane de chasse dans le coin !

J'impose enfin une halte au bord d'une petite rivière, pour donner à boire à mes chiens. En rechignant, ils acceptent de s'arrêter, à l'exception de Dark qui ne cesse d'aboyer.

— Tais-toi ! Dark, tais-toi !

Il obéit, puis recommence de plus belle dès que je m'écarte de lui. Du coup, Unik donne de la voix lui aussi... De guerre lasse, je finis par céder et repars plus vite que je ne l'aurais souhaité. Combien faudra-t-il de kilomètres et de jours pour les calmer ?

Je râle pour la forme, mais je suis ravi de voir cette « envie de courir » qui les hante, ce que les Canadiens appellent le *will to go* des chiens. Ils en ont à revendre, et tant mieux, car notre route est longue !

D'eux ou de moi, je ne saurais dire qui est le plus heureux, le matin, de partir, le plus avide de découvrir ces territoires, de voir se dérouler ces paysages changeants, pleins de surprises. De cette commune passion naît une complicité qui renforce les liens d'amitié tissés depuis leur naissance – tous sont nés chez moi, dans ce camp que nous avons créé avec quelques amis dans le Vercors et qui porte mon nom. Sur ces hauts plateaux pourtant féeriques, les chiens finissent par s'ennuyer tant ils en connaissent chaque kilomètre, chaque virage… Ils aiment y courir, mais leur plaisir n'est pas aussi grand qu'ici tant ils adorent, tout comme moi, la découverte, l'aventure, la nouveauté.

Nous traversons maintenant des paysages où le regard porte loin. La végétation est plus chétive, bouleaux et conifères en haut desquels j'aperçois de temps à autre quelques tétras dont l'envol provoque une brusque accélération des chiens, qui trottent maintenant à une allure régulière malgré le relief.

Alors que le soleil décline et passe derrière une montagne, nous abordons une longue descente à la fin de laquelle un virage très court nous emporte à l'intérieur d'une dense forêt de sapins. C'est là, dans une clairière, que se dresse la cabane de Nicolaï.
L'œil expert du chasseur apprécie la belle musculature des chiens.
— *Bistra poyeralé !*
« Que tes chiens ont été vite ! »
Je les lui présente, insistant sur les rôles respectifs du chef de meute, Wolf, et des chiens de tête, Burka, Quest et Miwook.
— Le chef de meute n'est pas chien de tête ?
J'explique que c'est très rarement le cas. Le chef de meute est celui qui s'est imposé aux autres. C'est le plus fort ou, du moins, celui auquel tous se soumettent : le prouvent des actes de « domination-soumission » essentiels à la vie d'une meute de loups comme à celle d'une meute de chiens de traîneau. Le ou les chiens de tête résultent d'un choix fait par l'homme. Ce sont généralement des chiens sociables, recherchant le contact avec l'homme, dotés d'une intelligence qui leur permet d'assimiler et de comprendre rapidement des ordres simples, tels ceux indiquant la direction, et d'autres,

plus complexes, utiles pour faire demi-tour ou encore négocier des passages difficiles. Ils doivent être capables de prendre des initiatives quand, par exemple sur une rivière dont on suit le cours gelé, le *musher* laisse le chien choisir sa route. Certains *leaders* sont exceptionnels. Quatre de mes chiens le furent : Otchum, Voulk, Cheap, et enfin Taran. Burka et Quest sont deux bonnes chiennes de tête, qui manquent toutefois encore de maturité et d'expérience ; Miwook est en formation, mais c'est un élève prometteur.

Mon attelage, constitué de jeunes chiens de un an et demi à trois ans, est jeune. Cette expédition est leur premier voyage en dehors des sentiers battus du Vercors, et ils ont tout à apprendre, à découvrir. Chaque jour leur apportera son lot d'expériences et de situations insolites. Ils gagneront en maturité et en assurance : cette journée sur la glace, une surface dont ils ignoraient tout, en est le parfait exemple.

Ce soir, alors que je vide mon traîneau, rangé de la même façon depuis trente ans, je retrouve mes marques, comme si ce grand voyage qui m'a conduit à travers tous ces pays – Alaska, Canada, Laponie, Sibérie – ne s'était jamais interrompu. Tous mes périples ne forment plus qu'une même et longue aventure. Me reviennent avec une facilité déconcertante les gestes à accomplir, harnacher les chiens, charger un traîneau, allumer un feu et faire fondre de la glace. Je suis ici, dans le Grand Nord, chez moi.

Je libère Burka, Unik et Kamik pour qu'ils m'accompagnent jusqu'à un ruisseau où je vais puiser de l'eau dans un trou resté libre. La trace toute fraîche d'un gros lynx traverse le lit du cours d'eau. Les chiens reniflent les empreintes avec excitation, mais demeurent auprès de moi et se chamaillent en se poursuivant dans la neige légère. Le comportement de Burka ne laisse aucun doute sur son état. Elle est en chaleur ! Il va falloir que je la surveille si je ne veux pas me retrouver avec une portée dans deux mois...

La nuit tombe vite, et dans le ciel aucune étoile ne brille, car une épaisse couche nuageuse – qui m'inquiète – les cache. Pendant la nuit, je me lève à plusieurs reprises et, à 4 heures, je sonne le départ. La neige commence à tomber, menaçant de recouvrir la piste alors que j'ai encore deux cols à franchir avant de redescendre vers la vallée du Bam, de l'autre côté du massif.

J'attelle les chiens en toute hâte ; de gros flocons brillent déjà dans le faisceau de ma lampe frontale. Filons ! Vite... pendant que la piste est encore visible.

— Allez, les chiens ! Allez, Burka !

Le traîneau s'élance et j'ai bien du mal, dans la nuit opaque, à négocier les premiers virages que les chiens prennent au galop. J'évite les arbres de justesse et retrouve enfin la piste plus large et moins sinueuse que Nicolaï a suivie et tracée.

Une heure plus tard, nous avons progressé d'une bonne quinzaine de kilomètres, mais la piste est maintenant recouverte de plus de dix centimètres de neige. En tête, Burka m'impressionne : elle devine la piste dissimulée sous la couche de poudreuse. Par endroits, le vent a érigé de véritables congères qu'il faut escalader. Je passe alors devant et fais la piste, que les chiens, de la neige jusqu'au poitrail, suivent courageusement.

Avec le jour qui se lève, la tempête se calme un peu. Nous basculons dans une pente plus abritée. Les chiens retrouvent même un fond de piste, dont je devine moi aussi le tracé incertain. Plus loin, les conditions s'améliorent encore grâce à l'aller-retour que Nicolaï a effectué en compagnie d'Alain et de Fabien pour damer la piste effacée par la tempête. Je décide de ne pas pousser plus avant aujourd'hui. Les chiens ont brassé pendant des heures et nous avons tout à gagner à attendre que la neige, tassée par le passage des motoneiges, gèle durant la nuit.

Je trouve un emplacement parfait, proche d'un ruisseau, dans une forêt où il y a du bois mort à profusion et de nombreux sapins qui fourniront un bon tapis aux chiens. Il faut les voir frétiller lorsque je m'approche d'eux avec une brassée de ces petites branches garnies d'aiguilles souples, qui constituent un matelas moelleux et isolant. À − 40 °C, ce confort n'est pas superflu ; il leur permettra de mieux récupérer. Certains chiens, comme Unik ou Dark, consacrent de longues minutes à s'installer. En s'aidant de leurs mâchoires, ils fabriquent un véritable nid qu'ils aménagent avec un souci du détail étonnant. Satisfaits du travail accompli, ils testent leur couche… pour se relever aussitôt et tout recommencer. Ce manège agace leurs voisins, qui grognent.

À l'aube, nous repartons sur une longue montée qui doit nous mener jusqu'à un chemin de crête. Dark et Wolf qui, à leur habitude, sont placés juste devant le traîneau sont dans une forme olympique et dynamisent le groupe. Seuls Kazan et Kamik ne tendent pas leurs traits. Unik, placé à côté de Kamik, lui montre plusieurs fois les crocs pour bien lui faire comprendre qu'il n'entend pas être ralenti et gêné dans son travail ! Alors Kamik fait le minimum syndical…

En prenant de l'altitude, nous évoluons dans un paysage somptueux, parsemé de bouleaux nains. De loin en loin, quelques pins ont résisté au blizzard. La neige est tellement tassée par le vent que la piste tracée par Nicolaï est presque invisible. Mais c'est un jeu d'enfant pour Burka de la suivre. Plus nous montons, plus le paysage s'ouvre, offrant une vision panoramique sur les montagnes et les vallées alentour. Je profite avec émotion de ce magnifique spectacle.

Ce matin, le thermomètre affiche − 35 °C, puis bientôt − 40 °C. À cette température, une poudre givrée auréole rapidement mon visage. Je dois plusieurs fois ôter mes gants pour faire fondre entre mes doigts les petits glaçons qui collent mes cils entre eux et gênent ma vision. Mes chiens, eux aussi, sont enveloppés d'une sorte de brouillard constitué de très fines particules produites par leur respiration, qui se figent immédiatement dans l'air glacé et brillent dans la lumière de cette belle matinée.

— C'est bien, mes petits loups !

J'ai toujours appelé mes chiens, mes « petits loups » ou mes « petits chiens », même à l'époque où je conduisais un attelage de lourds et puissants chiens résultant du croisement effectué entre mon premier chien, Otchum, et une chienne groenlandaise, Ska. Des costauds, bagarreurs, mais terriblement attachants. Depuis, les deux générations de chiens avec lesquelles j'ai effectué mes voyages se sont allégées grâce au sang alaskan, qui les a fait gagner en rapidité. Et la quatrième génération atteint une vitesse qui n'a plus rien à envier aux meilleurs attelages de course. C'est avec eux que je compte me présenter aux deux plus grandes courses de chiens de traîneau du monde : La Yukon Quest et l'Iditarod, des courses de plus de mille six cents kilomètres. L'alaskan a été spécialement créé pour ces épreuves. Les alaskans sont le fruit d'une sélection de chiens issus de croisements entre des huskies et d'autres races. Ils sont capables de résister à des températures et des conditions extrêmes, même si quelques gènes de lévriers, pointers et autres braques se sont glissés dans l'ADN de ces champions.

Mon attelage, formé aujourd'hui de jeunes chiens ayant la morphologie de véritables marathoniens, est de haut niveau. Outre le plaisir de découvrir de nouveaux territoires et de vivre une belle aventure, cette expédition a aussi pour vocation de leur faire acquérir une expérience et une maturité que seul un voyage comme celui-ci peut apporter.

3

Au moment où nous arrivons au sommet de la montagne, j'aperçois au coin le globe rouge sang du soleil qui se hisse au-dessus de la ligne d'horizon bleu marine de l'océan Pacifique. Dans certaines anses, l'eau s'est figée en glace.

Les chiens ont marqué l'arrêt comme s'ils étaient, eux aussi, frappés par la magnificence de l'instant et de l'endroit. Je plante l'ancre dans la neige durcie et devance l'attelage jusqu'au point le plus haut, où le regard embrasse un paysage stupéfiant de beauté. Les chiens clignent des yeux dans le soleil levant et hument les senteurs légèrement iodées qu'apporte une petite brise.

À partir d'ici, alors que nous faisions route plein nord, nous allons bifurquer vers l'ouest, et tourner le dos à l'océan. La prochaine étendue d'eau que nous apercevrons sera celle du lac Baïkal, cette impressionnante mer d'eau douce qui contient vingt pour cent des réserves de la planète.

Je reste longtemps à contempler le paysage, m'imprégnant de cette beauté sauvage. Les chiens se sont couchés et il ne reste que Dark, incorrigible, pour geindre, témoignant ainsi son envie de repartir.

— Dark ! Tu vas te taire ?

Le voyage sera-t-il assez long pour que Dark me fasse la surprise, ne serait-ce qu'une seule fois, de se coucher et de se tenir tranquille lors d'une pause ? J'en doute, mais je suis plus amusé que véritablement agacé. Dans ce genre de voyage, de la même façon qu'en course, un foudre de guerre tel que Dark est préférable à un tire-au-flanc comme l'est parfois Kamik, peu aimé des autres...

À peine ai-je fait un pas pour remonter sur le traîneau que tous mes chiens, Kamik compris, jaillissent dans un même élan et arrachent l'ancre. Nous filons sur le chemin de crête, faisant s'envoler quelques compagnies de perdrix blanches et coqs de bruyère venus, à l'aube, grignoter les bourgeons des aulnes dépassant de la neige. Dans le Grand Nord – comme si elles avaient conscience que l'été trop court ne leur laissera pas le temps d'accomplir leur cycle jusqu'à la floraison – de nombreuses plantes bourgeonnent dès l'automne en sécrétant une substance qui les protège du froid. Ces bourgeons sont une manne pour les oiseaux et les mammifères, qui s'en nourrissent durant les longs mois de disette.

Nous galopons, alors que je dois négocier plusieurs passages délicats dans des pentes prononcées et en bordure de quelques gouffres impressionnants.

— Doucement, les chiens !

Cet ordre, les jeunes chiens le comprennent aussi mal que des enfants en train de jouer… Nous avalons les quinze kilomètres de crête en moins d'une heure, ce qui me laisse à peine le temps de profiter du paysage qui, à l'ouest comme à l'est, offre un point de vue somptueux sur cette partie de la Sibérie. Puis nous plongeons dans la pente. Le sentier, tracé par la motoneige maniable de Nicolaï, est bien plus ardu pour dix chiens suivis d'un traîneau. Notre attelage mesure presque vingt mètres de long ; il est très difficile de prendre des virages entre les arbres sans les percuter. Malgré le froid, je suis vite en nage. J'use de tout mon poids, de toute ma force pour nous maintenir sur la bonne trajectoire. L'exercice est fatigant. Le pire est que les chiens semblent s'en amuser !

Plus nous descendons, plus le sentier se rétrécit ; par endroits, c'est tout juste si le traîneau parvient à se faufiler, heurtant au passage les nombreuses branches que le poids de la neige a pliées en travers de la piste. Pour couronner le tout, celle-ci devient de plus en plus sinueuse, avec quelques virages si serrés que je ne peux éviter les arbres. Plusieurs fois, nous heurtons les troncs, bien que je me démène comme un diable pour anticiper les chocs.

— Doucement, les chiens ! Doucement !

Soudain, une bosse gelée provoque une telle secousse que l'ancre à neige est éjectée de son étui et va se ficher dans un arbre. Je n'ai pas le temps de comprendre ce qui se passe : je suis propulsé, en vol plané, au-dessus du traîneau, et j'atterris sur Dark et Wolf. Comme moi, ils ont le souffle coupé. Car j'ai violemment heurté, à pleine vitesse, l'arceau qui fait office de guidon.

Groggy, je me relève, craignant de m'être cassé une côte ou deux. Mais l'épaisseur de mes vêtements a amorti le choc, et j'en suis quitte pour une nausée qui me fait vomir mon maigre repas du matin sur le bas côté de la piste.

Pour dégager l'ancre dont les deux dents effilées comme les pointes d'un piolet sont fichées dans l'arbre, il me faut obtenir du mou que les chiens, toujours aussi pressés de repartir, ne me donnent pas. Et les attelages capables de reculer sont rarissimes, surtout lorsqu'il s'agit d'alaskans de course dont l'entraînement, depuis le plus jeune âge, les prépare à ne jamais relâcher la tension du trait.

Dételer les chiens ? Trop long. Le mieux est de couper l'arbre. J'installe mon largueur de façon à retenir l'attelage et le traîneau quand l'ancre sera libérée, et je coupe l'arbre à la hache. Mais j'appréhende la suite. Pour descendre ce sentier, ce ne sont pas dix chiens surexcités qu'il me faudrait, mais un petit traîneau avec seulement trois chiens.

Nous repartons comme une bombe. De nombreuses branches barrent le passage. Pourtant, Nicolaï, Alain et Fabien en ont beaucoup coupé. Je manque de m'embrocher sur l'une de ces perches taillées en biseau en me renversant dans un virage à angle droit. Je ne vais pas pouvoir éviter cent fois l'accident. C'est trop risqué !

Mais que faire ?

Je détache les mousquetons des *tug-lines*, ces lignes reliant la base du harnais à la ligne centrale. Dès lors, les chiens, maintenus dans le rang par le seul *neck-line* (la cordelette rattachant leurs colliers au trait), développent moins de puissance, ce qui me permet de freiner un peu. Mais cela ne suffit pas pour reprendre le contrôle : ces diables se servent de leur collier comme d'un harnais et tirent tant qu'ils peuvent sur la ligne de trait.

— Doucement ! Doucement !

Dès qu'une ligne droite m'autorise à le faire, je me campe debout sur le frein : les chiens finissent par se calmer un peu, mais reprennent aussitôt de la vitesse quand je relâche celui-ci afin de négocier un virage. Un traîneau se conduit comme une voiture de sport : freiner avant la courbe, puis doser l'accélération en amorçant le virage afin d'épouser au mieux l'arrondi de la trajectoire et garder assez de vitesse pour contrôler le véhicule. Or mes chiens sont encore trop jeunes et trop fougueux pour ralentir à ma voix. Courir le plus vite possible, voilà quel est pour l'instant leur seul objectif, sur une piste dont ils ne mesurent pas les dangers.

Alors que mes forces commencent à m'abandonner, la pente s'adoucit. J'ai heurté un arbre, et mon épaule, très douloureuse, m'inquiète un peu.

Une demi-heure plus tard, nous remontons en surplomb d'une parcelle de terrain boisé. Je remets les *tug-lines*, puis nous redescendons pour emprunter une seconde piste, plus large, sur laquelle je peux enfin souffler et laisser les chiens courir à leur guise.

D'après mes calculs, il reste une cinquantaine de kilomètres pour gagner le village où m'attendent Pierre et Arnaud. J'hésite entre camper à une vingtaine de kilomètres de celui-ci pour les rejoindre en plein jour demain ou prendre le risque d'atteindre le but en fin de journée. Je ne sais pas trop où se trouve ce village, et mes pires souvenirs, en traîneau, sont liés à l'arrivée dans ces agglomérations où chiens, vaches, véhicules, rues verglacées, plots en béton m'ont souvent causé de belles frayeurs. J'opte quand même pour la seconde solution ; je ne suis pas en avance sur le programme. Je dois impérativement parvenir dans les temps à la frontière chinoise, car le poste douanier ferme à la fin du mois de décembre.

La piste que nous suivons débouche sur un passage assez large. Des véhicules y ont creusé des ornières qui ont gelé et dans lesquelles le traîneau est chahuté. Plus nous approchons du village, plus nombreux sont les chemins croisant ce qui semble être la voie principale. J'hésite à une intersection située près des ruines d'un hameau. Je choisis le sentier qui paraît le plus fréquenté, espérant y rencontrer quelqu'un qui pourra me renseigner.

À l'approche de la « civilisation », Quest et Happy, nez en l'air, captent les odeurs portées par le vent ; leurs regards balaient le paysage à la recherche du moindre indice de vie. Ceux-là ne ratent rien. Burka demeure concentrée. Dans ce dédale de chemins et de bifurcations, je ne cesse de la solliciter, parfois au dernier moment, pour changer de direction. Elle semble avoir compris et, sauf contrordre de ma part, suit le chemin principal tout en restant à l'écoute.

Sans rencontrer âme qui vive et alors que nous avons effectué bien plus de cinquante kilomètres, j'arrive enfin en vue de la ligne de chemin de fer, celle que Nicolaï m'a dit de longer sur une vingtaine de kilomètres pour atteindre le village. Se peut-il qu'il se soit à ce point trompé, alors que tous les renseignements qu'il m'a donnés jusqu'ici étaient exacts ?

J'aperçois au loin des fumées. Un village ?

Je décide de faire une pause et en profite pour tenter de joindre Arnaud par téléphone satellite. Miracle ! Il répond à la troisième sonnerie.

— Tu es où ? La ligne de chemin de fer est à ta droite ou à ta gauche ?

Je lui donne les renseignements demandés.

— Tu es donc sur le bon chemin, celui qui suit la ligne. Dans une dizaine de kilomètres, tu devrais arriver au village. Je me posterai à l'entrée.

Me voilà rassuré et ravi. Ma joie se communique aux chiens, qui se mettent à galoper sur une distance que j'estime à au moins vingt kilomètres. Je croise des ouvriers travaillant le long de la ligne de chemin de fer. À mon passage, ils m'adressent de grands signes amicaux et, peu après, j'aperçois enfin le village. Arnaud devrait être là, mais... personne !

Plusieurs options s'offrent à moi pour entrer dans le village : j'opte pour celle qui m'offre le chemin le plus rectiligne car le sol est gelé et mes chiens surexcités. Difficile de croire qu'ils viennent d'effectuer plus de cent vingt kilomètres d'une traite !

Nous évitons de justesse une charrette tirée par un cheval.

— Arnaud, où es-tu, bon sang ?

Je déboule au beau milieu d'une place, certainement la place principale : en son centre trône un grand bâtiment administratif.

— Burka, *djeeee* !

Je vise une sorte de terre-plein recouvert d'une belle couche de neige ; là, je parviens enfin à stopper le traîneau, bloqué par son ancre, et j'appelle Arnaud.

— Arnaud ! Je suis sur la place ! Tu es où ?

— À cent mètres, j'arrive tout de suite !

— Fais vite, j'ai du mal à tenir les chiens !

Dix minutes passent. Personne, à l'exception de quelques badauds que le tintamarre a fini par attirer.

— Françouze ?

Et les inévitables questions : « D'où viens-tu ? Où vas-tu ? »

Je rappelle Arnaud, qui ne comprend pas. Il est sur la place, seul. J'ai soudain un doute et questionne l'un des habitants :

— Comment s'appelle ce village ?

— Kelaskanyé.

Et Arnaud se trouve à Kransnoyé, à quatre-vingts kilomètres d'ici ! J'ai longé la ligne de chemin de fer vers l'ouest alors que j'aurais dû la suivre en sens inverse !

Aussitôt, je demande à l'un des hommes de monter sur mon frein pour retenir les chiens, le temps que j'attache ce qu'on appelle le *stake-out*. Il s'agit d'un solide filin auquel sont raccordées dix cordelettes, une par chien, assez courtes pour qu'ils ne puissent entrer en contact les uns avec les autres. Ce long câble d'environ vingt mètres est prolongé, de part et d'autre, de deux cordes et de mousquetons permettant de le tendre entre deux points de fixation. J'avise deux arbres entre lesquels je tends le *stake* et y attache mes chiens, aidé par l'un des Sibériens.

Aussitôt après avoir abreuvé mes chiens, je suis invité à venir boire le thé ce qui, en langage local, signifie boire et manger à satiété ! Mes hôtes me proposent une isba chauffée pour dormir, du pain frais, de la viande, deux énormes saumons gelés pour mes chiens et du foin. Je leur distribue ce fourrage, dans lequel ils s'étirent puis se couchent avec des bâillements de plaisir.

On dit qu'il y a plus de plaisir à donner qu'à recevoir. Ce n'est pas toujours le cas avec les humains, mais avec les chiens, qui ne calculent rien et ignorent l'ingratitude, oui…

4

27 décembre. – 43 °C.

Les chiens filent sur la route gelée, trop vite pour que je puisse identifier le ou les auteurs des larges et profondes traces qui pourraient être celles de mon Graal : le Grand Van. Le seigneur de la taïga. Le légendaire tigre de Sibérie.

Nous sommes entrés au cœur de son territoire. Je rêve de croiser cet énorme félin pouvant atteindre les trois cents kilos, parfois mangeur d'hommes. Vais-je entendre, une nuit, son feulement qui terrorise les autres habitants de la forêt ? C'est la principale raison du choix de mon itinéraire le long du fleuve Amour, en territoire chinois.

On compterait quelque cinq cents tigres de Sibérie dans cette région. Quant au tigre de Mandchourie, personne n'en a vu à l'état sauvage depuis plus de vingt ans. Mais je vais traverser la zone qui pourrait peut-être encore abriter les derniers spécimens... Qui sait ?

Déjà, voir la trace d'un tigre de Sibérie... Je vais sûrement en croiser quelques-unes. Je pourrai mettre ma main là où il a posé sa patte, éprouver avec mes doigts la largeur de ses coussinets et la longueur de ses griffes, ressentir l'énormité et la sauvagerie du Grand Van, apprécier son allure, commencer à faire connaissance.

Mais, pour l'instant, il n'est pas question d'abandonner le traîneau pour aller étudier une trace ! Dans ce terrain verglacé, les chiens auraient vite fait de décrocher l'ancre que j'aurais plantée. Ils s'excitent mutuellement dès qu'ils sont harnachés. Ce comportement s'atténuera avec l'âge, mais aujourd'hui je ne peux pas prendre ce risque, quitte à rater une piste de tigre... Ce soir, peut-être ?

En attendant, les chiens s'éclatent. Leur foulée fait plaisir à voir. Même Kamik n'est pas à la traîne aujourd'hui. Dark et Quest ont le nez en l'air. Un bout de feuille séchée voletant dans la brise suffit à leur bonheur. De vrais gamins ! De temps en temps, pour la forme, je les rappelle à l'ordre, mais sans grande conviction.

— Quest ! Oh ! Je veux bien que tu passes ta journée la truffe au vent, mais tu ne t'écartes pas de la ligne pour aller humer les odeurs à dix mètres !

L'air penaud, elle réintègre la piste dont elle était sortie pour aller renifler une empreinte de lièvre. Il faut la voir s'appliquer, tirant deux fois plus fort que nécessaire, bien en ligne, le nez dans la piste. Je sais que cela ne durera pas. Dans cinq minutes, le naturel reprendra le dessus... mais je dois montrer de temps en temps que je reste le patron !

Happy et Kali, les deux plus jeunes chiens de l'attelage, fils de Quest, me surprennent. Attelés en binôme, il faut les voir bosser, la « tête dans le guidon » sans faiblir, avec entrain et application !

— C'est bien, Happy ! Bien, mon Kali ! Ouiii, c'est bien, mes p'tits chiens !

Et de les nommer un à un, sans insister. Les compliments, comme les remontrances, n'ont d'intérêt que s'ils sont rares ; il faut les prodiguer avec parcimonie, et surtout à propos.

À force d'observer les chiens et de guetter d'éventuelles traces de tigre, je n'ai pas bien évalué une descente verglacée dans laquelle je viens de m'embarquer. Une vraie piste de bobsleigh ! Les chiens, entraînés par le traîneau devenu incontrôlable, vont de plus en plus vite. Je pèse de tout mon poids pour faire mordre le frein, mais, dans la glace, c'est peu efficace.

Et l'inévitable se produit : lancé à toute allure, le traîneau se renverse. Je chute lourdement mais ne lâche pas le guidon pour, au moins, éviter que le traîneau n'aille percuter les chiens. Je suis responsable de leur sécurité. Je tiens bon. L'ancre valdingue au bout de sa corde à quelques mètres de ma tête. Je libère l'une de mes mains pour la bloquer entre le traîneau et la surface gelée. Le crissement du frein dans la glace accompagne mon hurlement :

— Hoooooooooo !

Les chiens ont compris que ça ne tournait pas rond derrière eux ; ils ralentissent. Je me relève tout en bloquant du mieux que je peux l'ancre sous le traîneau et je vais vite détacher quelques chiens, qui vont aussitôt se goinfrer de neige fraîche sur le talus. Je m'assieds au milieu d'eux, passe un moment avec chacun, jouant, leur massant le dos – ce qu'ils adorent –, rassurant ceux qui ont paniqué dans la descente. La bonne humeur est communicative ; ils manifestent vite leur envie de repartir.

— Mais vous êtes vraiment des enragés !

Je m'en veux d'avoir engagé l'attelage dans cette descente sans avoir bien calculé les risques. Il ne faudrait pas reproduire ce genre d'erreur. Ça passe une fois, peut-être deux... mais sûrement pas trois.

Un peu plus loin, un petit nuage brillant, posé à flanc de montagne, attire mon regard. À sa base, une tache noire et mouvante fume tel un sombre linge humide au soleil. Des sangliers ! Toute une harde ! Je suis fier de moi. Pour une fois, j'ai aperçu des animaux avant que les chiens ne les repèrent grâce à leur odorat. Plus tard, ce sont des chevreuils que nous dérangeons. Mais cette fois, les chiens les ont vus s'échapper dans le bois que nous longeons, et il me faut hurler « Noooon ! » à plusieurs reprises pour qu'ils ne se précipitent pas tous, comme une meute de chasse à courre, derrière ces appétissants gigots en fuite.

Après avoir franchi plusieurs cols, la piste forestière enneigée redevient parallèle à la ligne de chemin de fer. Elle traverse une belle forêt de bouleaux. J'estime l'âge de certains à plus de deux cents ans. À l'abri de ces vieux sages, comme s'ils en recherchaient la protection, des coqs de bruyère ont trouvé refuge. Au crépuscule, ils vont se percher sur les branches des rares grands pins vert sombre.

Je suis si bien à cet instant, en compagnie de mes chiens, que j'en oublie mes courbatures et mes contusions. J'en oublie aussi de chercher une place pour camper. Heureusement, un bel arbre mort retient soudain mon regard. C'est à son pied que nous allons dormir après que son bois nous aura réchauffés. À la minute où je stoppe l'attelage, une mécanique bien rodée et mille fois répétée me permet encore une fois d'enchaîner les gestes sans réfléchir et sans perdre de temps. Je lâche les chiens, qui mettent à profit ce moment de liberté pour explorer les alentours, suivre une piste, quêter une caresse, ou, comme Kamik et Kazan, goûter côte à côte un repos bien mérité sur un confortable lit de branches de sapin.

Je tends le *stake out*, allume un feu et fais fondre de la neige, puis je prépare leur repas : des croquettes mélangées à de l'eau tiède. Avant de leur distribuer leur ration, je les placerai sur le *stake out* afin qu'ils mangent chacun leur part et se reposent ensuite. Dès qu'ils sont couchés, je les passe en revue pour un petit moment de « câlin-caresse-contrôle des pattes », qu'ils adorent, même si certains restent chatouilleux, tels Kamik et Unik, qui se tortillent dans tous les sens lorsque je leur passe de la crème entre les coussinets.

Unik est un chien parfait, trop parfait. Appliqué, bosseur, peu dissipé, pas bagarreur : un premier de la classe qui consacrerait son temps de récréation à réviser ses leçons. J'en viendrais presque à souhaiter qu'il s'autorise une petite excentricité de temps à autre. Même physiquement, il ne montre aucune faiblesse. Burka a les pattes fragiles, Wolf souffre parfois d'une légère douleur à l'épaule. Unik... son plus grand défaut est de ne pas en avoir !

Pour dormir, je m'installe sur un épais lit de branches de sapin, tout habillé dans mon sac de couchage, au fond duquel je place les intérieurs en laine de mes chaussures afin de ne pas les retrouver gelés le lendemain matin. Avant de m'endormir, j'apporte un grand soin à la préparation de mon feu du lendemain. À cette température, le feu doit prendre du premier coup. Sinon les doigts gèlent très vite quand on est obligé d'ôter ses gants...

Je n'ai pas le souvenir d'avoir jamais raté un feu. J'ai constamment sur moi des allumettes, un grattoir et une petite bougie que j'allume et place sous les brindilles sèches que j'ai préparées, ainsi que du petit bois soigneusement choisi et fendu en fines baguettes très inflammables.

Le froid n'est pas si cruel, mais il ne faut pas commettre d'erreur. Au cours de l'une de mes expéditions, j'ai retrouvé mort – gelé – un Indien qui était parti en motoneige sans prendre sa paire de raquettes. Sa moto était tombée en panne et il n'avait pas pu faire plus d'une dizaine de mètres dans la neige profonde... Il n'avait jamais atteint les arbres qui lui auraient permis d'allumer un feu en attendant des secours.

Pour quelqu'un d'expérimenté et de vigilant, doté d'un bon équipement, le froid n'est pas aussi méchant qu'on le prétend. En revanche, une erreur apparemment anodine peut se révéler fatale. J'ai appris, au fil des ans, à devenir aussi maniaque qu'un vieux singe !

5

Au petit matin, les chiens forment une succession de boules blanches. J'adore leur façon de s'enrouler, les pattes repliées, les coussinets et le nez – parties les plus sensibles au froid – protégés par l'épaisseur touffue de la queue. Conservant leur chaleur corporelle, leur dense fourrure forme un rempart étanche, même à des températures extrêmes.

Lorsque je m'extirpe de mon sac de couchage, quelques chiens, dont Burka, Dark et Miwook, ouvrent un œil. Ils surveillent chacun de mes gestes lorsque j'allume le feu, prépare mon petit déjeuner, fais chauffer l'eau et leur soupe. Ils se lèvent quand je leur distribue l'eau tiède mélangée avec quelques croquettes, une collation légère car ils ne peuvent courir le ventre plein, puis je les libère pour leur permettre de se détendre les pattes ; je range mon traîneau, puis je les attelle. Une diffuse lueur bleutée indique à l'est que l'aube va bientôt poindre. Je me réjouis de la température glaciale, presque − 50 °C ce matin ; ce froid va geler les fleuves et les rivières sur lesquels doit s'effectuer la suite du parcours.

Rapidement, une gangue de glace m'emprisonne tout le bas du visage et quelques petits glaçons viennent coller mes cils, m'obligeant encore et encore à les dégeler entre mes doigts. Puis je replonge vite mes mains à l'intérieur des énormes moufles que j'ai moi-même cousues avec des morceaux de fourrure de coyote achetés à un ami trappeur dans le Yukon. Le temps que le sang revienne dans mes doigts, la glace a recollé mes cils, que je dois à nouveau dégeler − et cela jusqu'à ce que le jour se lève et que la température se réchauffe... un peu. Mon visage est un thermomètre d'une grande précision ! À partir de − 15 °C, de la glace dans la barbe ; − 20 °C, barbe et moustache ; − 30 °C, sur les joues. À − 40 °C, un peu de glace s'accroche aux cils et à − 50 °C, ils sont collés. Enfin, à − 60 °C, le moindre morceau de peau exposé à l'air plus de quelques minutes brûle. Ma marge d'erreur n'excède jamais cinq degrés, ce qui est suffisant pour décider comment m'habiller et envisager des protections pour les chiens lorsque nous descendons sous les −45 °C. À ces températures, le risque majeur est, pour les mâles, l'engelure du pénis. Il existe des équipements pour cette partie particulièrement exposée de leur anatomie. Je dispose également de manteaux en laine polaire dont j'enveloppe mes chiens la nuit dès −35 °C et en course, par très grand froid.

Tous ceux qui voyagent avec moi le savent bien : loin de le redouter, j'aime le froid. Dans sa lumière, son silence, sa blancheur, j'ai l'impression de me purifier, de laisser derrière moi tout ce superficiel dont la vie se laisse encombrer. Je fais le clair dans ma relation aux autres, j'aborde certains épisodes de mon existence sous un jour nouveau, avec une lucidité accrue. Je passe de longs moments avec les uns et les autres, mes amis, ma famille, tous ceux dont la présence me manque.

Le voyage est aussi intérieur.

Ce matin, une longue et rude montée me tire de mes rêveries. Je dois aider les chiens, un pied sur l'un des patins, l'autre accompagnant d'une forte impulsion la charge sur sa lancée. J'alterne avec la course derrière le traîneau, remontant pour patiner à nouveau et reprendre mon souffle sur quelques dizaines de mètres. À ce rythme, même par − 40 °C, j'ai vite chaud, trop chaud. C'est le véritable danger du froid, car la transpiration et la moindre trace d'humidité sur les vêtements conduisent le froid comme le font l'acier et l'eau pour l'électricité. Alors je jongle avec les multiples fermetures Éclair qui équipent tous mes vêtements.

Après le col, la tentation est grande de laisser les chiens prendre le grand galop dans la pente, mais ce serait une erreur. Comme la température du corps, l'effort des chiens doit être régulé. Une brusque accélération provoque un essoufflement dont une des conséquences, par grands froids, est un risque de déshydratation. Lors des pauses, j'ai pour habitude, en caressant les chiens, de saisir la peau de leur dos à pleine main, puis de la laisser reprendre sa place. Un pli persistant sur la peau permet de diagnostiquer − de la même façon qu'une muqueuse sèche − une déshydratation à laquelle il faut rapidement remédier. C'est l'une des raisons pour lesquelles, dans une descente, je préfère laisser les chiens allonger leur foulée de trot.

En fin de matinée, le soleil émerge d'entre les pins qui forment comme une frange verte sur l'arête de la montagne et réchauffe un peu l'air glacial. Je choisis une place bien ensoleillée pour faire une petite pause que les chiens apprécient, à l'exception de Dark qui, naturellement, ne se prive pas de le faire savoir !

— Dark, tais-toi !

Cette fois, je me fâche en brandissant une tige de bouleau avec laquelle je menace de lui fouetter le museau. Il comprend et étouffe des grognements mécontents. Je m'allonge dans la neige à ses côtés, prêt à intervenir, et j'attends que tout le monde se couche, ce que Dark se refuse à faire, tout comme Quest, incapable de trouver rapidement une position confortable : elle préfère rester debout, les yeux mi-clos.

Dès que je me relève, dix minutes plus tard, tous les chiens bondissent sur leurs pattes, aboient et tirent sur le trait pour repartir. C'est chose faite dès que je libère l'ancre, qu'ils arrachent littéralement ! Il faut anticiper cette violente et brusque secousse pour ne pas tomber à la renverse...

En début d'après-midi, nous arrivons en vue d'une vallée ; le chemin longe une voie de chemin de fer menant à un bourg dont j'aperçois, au loin, les fumées qui montent haut et droit dans le ciel limpide.

Les chiens, humant des odeurs familières, accélèrent. Je les laisse faire car le chemin est rectiligne. Nous croisons un camion transportant un chargement de bois ; le chauffeur me fait de grands signaux amicaux auxquels j'ai à peine le temps de répondre tant nous filons à vive allure.

— Doucement, les chiens !

Peine perdue. Nous entrons en trombe dans le petit village où je suis attendu... Quelques personnes se sont rassemblées et me font signe de stopper le long d'une palissade en bois. Les chiens se calment et se garent sagement, sachant que nourriture, eau et peut-être fourrage seront vite distribués !

6
▲▲▲

Ce matin, en allant caresser les chiens pendant que la neige fond sur le feu, je suis surpris de constater combien le petit Kali a grandi et s'est fortifié.
— Tu profites, toi !
Burka s'est levée et me regarde fixement, m'implorant de ne pas l'oublier. Quelle comédienne ! Je m'avance vers elle, prodiguant au passage une caresse à chacun des chiens. J'en profite pour vérifier les articulations de Kazan et de Kamik, longuement massées la veille. Arrivé à la hauteur de Quest, installée à côté de Burka, je fais mine d'oublier cette dernière et simule quelques pas vers le feu avant de me retourner. J'éclate de rire en voyant sa bouille déconfite, qui s'éclaire à nouveau lorsqu'elle

comprend qu'il s'agit d'une blague. Les chiens ont-ils le sens de la plaisanterie ? Je le crois. Mais Burka a bien mérité cette petite leçon car, à longueur de journée, elle réclame de l'attention et des caresses. Elle se roule sur le dos, se love contre moi dès que je la cajole, usant de son charme pour me retenir près d'elle. Si je comprends son besoin d'affection, il n'est pas question de montrer une préférence. Je l'ai payé trop cher par le passé. Otchum, le chien que j'ai le plus aimé, en est mort, tué par trois de ses propres fils ; ils ne supportaient plus notre relation fusionnelle. Outre le fait qu'il m'a sauvé la vie au moins une fois en s'interposant pour me protéger de la charge d'un grizzly, Otchum a aussi dévié la course du traîneau qui m'emportait vers un trou d'eau libre. Il m'a suivi dans de nombreuses expéditions : un compagnon de voyage exceptionnel, à qui il ne manquait que la parole.

J'ai redistribué aux fils et petits-fils de mes chiens la plupart des noms de mes anciens compagnons, mais il n'y aura jamais qu'un Otchum.

Je place de nouveau Burka et Quest en tête. Pour former un bon binôme, il faudrait que s'apaise leur jalousie mutuelle. Quest est un peu fourbe ; Burka est une cabocharde, têtue comme une mule. Pour être franc, je préfère Burka à Quest, mais m'évertue à n'en rien laisser paraître.

— C'est bien, ma Quest ! Bien, Burka !

La route forestière que je suis ne cesse de se diviser, formant un écheveau de pistes qui sont autant d'occasions de se perdre. On ne sait jamais si ces routes vont se rejoindre ou aboutir dans l'un des multiples chantiers depuis lesquels les bûcherons évacuent le bois. Je tente de deviner quelle est la route principale et lance mes « *djee* » et mes « *yap* », que Quest et Burka interprètent parfaitement. Derrière elles, j'ai placé Unik et Miwook, un couple dont l'allure est très fluide. Cette position, juste après les chiens de tête, est celle des élèves. Ils assistent ainsi à l'exécution des commandes, qu'ils mémorisent. Dans quelque temps, ces deux-là seront aptes à les reproduire en tête.

Kamik et Kazan, au milieu de l'attelage, sont moins souples, même si Kazan fait de réels efforts pour s'améliorer. Rien à voir avec Unik et Miwook. Ni avec Kali et Happy, dont la puissance ne cesse de m'étonner. Ces deux jeunes chiens progressent de jour en jour, leur plaisir à courir et leur énergie m'impressionnent.

— C'est bien, mon Happy ! Bien, mon Kali !

Joyeux, pleins d'entrain, joueurs, ces deux-là s'entendent à merveille et je les adore...

Viennent ensuite les inséparables, Wolf et Dark ; j'ai rarement vu deux chiens s'aimer autant. Wolf, le chef de meute, protège Dark : je n'ose imaginer ce qu'il adviendrait du chien qui tenterait d'en découdre avec Dark ! Wolf l'égorgerait en moins de temps qu'il ne faut pour le dire. Mais Wolf n'a pas besoin d'exercer sa domination en imposant sans cesse des actes de soumission aux autres. Personne ne lui conteste sa place, qu'il occupe et garde placidement.

En revanche, si Dark a la fâcheuse habitude d'aboyer à la moindre halte, Wolf, lui, mord les traits. Pire, il cisaille littéralement les lignes de queue des chiens qui se trouvent devant lui. Je dois l'en corriger et, pour qu'il saisisse la sévérité de la sanction, le prendre sur le fait. Si je le corrigeais cinq minutes après qu'il a coupé le trait, je doute qu'il comprendrait le lien entre son acte et la punition, ce que ferait n'importe quel autre chien. Il faut se rendre à l'évidence, Wolf n'est pas très futé ! Il est, par exemple, incapable de se dépêtrer seul des quelques boucles simples que le trait forme parfois autour des pattes, ce qui ne pose aucun problème aux autres. N'en déduisez pas que je ne l'aime pas ! Il est vaillant, fidèle, travailleur... De toute manière, je finis toujours par trouver mille excuses à chacun de mes chiens...

La température est glaciale, mais le froid reste supportable car il n'y a pas un souffle de vent. La fumée de mes feux monte droit comme un « i », telle une colonne figée. Les chiens supportent bien cette froidure, à l'exception de Quest dont la fourrure est assez fine, et de Kali. J'ai emporté les petits manteaux constitués d'une double épaisseur de laine polaire recouverte d'un tissu isolant et respirant, et fixés sous le ventre par un velcro. Quest et Kali s'en accommodent mal, et je ris de les voir figés, raides et engoncés comme si je les avais ligotés !

Je dispose pour Quest un épais tapis de branches de sapin et la force à se coucher. Elle semble apprécier ce traitement de faveur, s'enroule puis trouve enfin une position qui lui convient. Pendant ce temps, Kali a lui aussi consenti à se coucher. J'observe mes boules de chiens, bien emmitouflées et endormies sur leurs lits de branches de sapin : je n'ai plus qu'à faire de même !

7

Une dizaine de kilomètres avant le village de Kransnoyé, je retrouve Pierre et Arnaud. Ils m'attendent à l'embranchement d'une route et du chemin forestier que je suis depuis plusieurs jours. Ils m'ont apporté mon kart d'entraînement, car la portion de route qui mène au village est déneigée en de nombreux endroits. Aucun chemin ne contourne le village, cerné de forêts impénétrables.

Bien m'en a pris d'avoir emporté ce kart, acheminé par bateau jusqu'en Sibérie avec le reste de mon équipement. Il voyage dans la remorque qu'Arnaud et Pierre tractent de village en village et dans laquelle s'entassent du matériel et des vêtements de rechange, de la nourriture lyophilisée, etc. Au mois de novembre, un ours a défoncé la porte métallique de cette remorque à grands coups de mâchoires et de pattes pour voler de la nourriture. Les traces de ses griffes sur la tôle sont encore visibles. S'apercevant qu'il manquait aussi des vestes, Arnaud et Fabien ont suivi les traces du plantigrade dans la neige et ont retrouvé les vêtements dérobés ! Comptait-il les manger, ou s'en envelopper pour hiberner bien au chaud ?

Le kart, idéal pour les entraînements, l'est beaucoup moins pour effectuer de longues étapes par grand froid. Juché sur une petite plate-forme métallique, je conduis grâce à un guidon doté de freins : la position devient vite inconfortable. Mais il faut bien s'adapter, ce que font aussi les habitants de ces régions, encore plus surpris que nous de cet hiver sans neige. Les conséquences seront nombreuses, de multiples végétaux habituellement à l'abri sous cette couche protectrice se retrouvant à la merci du froid. Que la neige vienne à manquer et c'est tout un écosystème qui est fragilisé, car de nombreux animaux dépendent de cette flore pour leur subsistance...

Si je ne suis pas enchanté d'abandonner mon traîneau, les chiens, eux, sont ravis. Ils aiment le changement. Fabien m'a aidé à leur mettre de petites bottines afin de protéger leurs coussinets des graviers, cailloux et autres morceaux de verre. Arnaud ne connaît pas bien les chiens. Il les voit à l'œuvre et en est stupéfait :

— C'est incroyable la vitesse à laquelle ils courent ! On va être au village en moins de deux !

En effet, il nous faut moins d'une demi-heure pour parcourir les dix kilomètres qui nous séparent du village... Belle performance ! Ils auront bien mérité la journée de repos que je compte leur accorder demain, et dont je profiterai pour offrir quelque répit à mon corps fatigué et meurtri par les chutes. Au programme aussi, une indispensable séance de bricolage sur mon traîneau que les chocs successifs ont malmené. De plus, j'ai besoin d'apporter quelques modifications à mon frein. Ce dernier a été conçu pour agir efficacement dans de la neige et non sur des pistes verglacées. Il me faut donc l'adapter, lui aussi, à la situation.

C'est en trombe que nous entrons dans le village. Les habitants, perplexes, suivent des yeux notre curieux attelage. Nous pénétrons dans la cour grillagée d'un grand bâtiment où logent des employés de la ligne de chemin de fer. Arnaud y a trouvé un endroit pour installer les chiens, ainsi que plusieurs bottes de foin. L'on m'avertit qu'il ne faut pas attacher les chiens à l'extérieur de l'enclos, côté forêt, car ils risqueraient de se faire attaquer par un tigre.

Un tigre ?

En effet, l'animal a été aperçu la veille, depuis un train. Il a même été photographié par l'un des employés. Je demande immédiatement à rencontrer ce dernier. Voir l'homme qui a vu le tigre, c'est déjà le voir un peu ! Mais l'homme est absent. Sa mère, qui se trouvait avec lui, nous raconte la rencontre.

— Un très gros tigre ! Une femelle, qui rôde par ici depuis quelque temps.

Je parque donc les chiens à l'abri des grillages. Pas question de prendre le moindre risque !

Le directeur du centre me met en garde :

— À votre place, je ne coucherais pas dehors avec mes chiens ces prochains jours. Plusieurs tigres sévissent dans la région sauvage que vous allez traverser et ils sont très dangereux. Ils se nourrissent volontiers de chiens et, à l'occasion, d'humains.

Loin de m'effrayer, cet avertissement me prouve que je suis au bon endroit ! Et mon interlocuteur comprend vite que les renseignements que j'essaie d'obtenir sur les zones où sévissent les tigres me permettront d'y prévoir un campement au lieu de les éviter. Décidément, semble-t-il penser, ce Français est bien aussi fou qu'on le prétend !

Avec les années, j'ai appris à me méfier des hommes plus que des animaux. J'ai croisé la route d'une multitude de grizzlys, d'ours polaires, de loups, d'élans (très irascibles à l'époque du rut), et de toutes sortes d'animaux sauvages : lynx, lions des montagnes, gloutons… En plus de trente ans de voyage, je n'ai affronté qu'un ours. J'ai dû le tuer : ma petite fille d'un an était menacée. J'ai détesté le moment où le corps sans vie de ce magnifique plantigrade s'est abattu devant moi. Je n'éprouve aucun scrupule, aucune gêne à tuer un poisson, une perdrix, un canard ou un caribou pour me nourrir, remerciant, comme le font les Indiens, la nature du cadeau qu'elle me fait. En revanche, tuer un ours, dont la chair n'est pas comestible, m'est insupportable.

Lorsque je chassais les mouflons dans les montagnes Verkoïansk avec mes amis éleveurs de rennes, nous avons retrouvé le corps sans tête d'un grand mâle tué par un chasseur depuis un hélicoptère. Il n'avait emporté que le trophée, abandonnant la viande aux corbeaux ; nous, nous laissions à la nature la seule partie non comestible, les cornes. Cette anecdote montre le fossé séparant le monde des chasseurs de pacotille et celui de ces hommes qui ont pour la nature le plus grand respect, conscients de l'équilibre à préserver au sein de leur milieu de vie.

En tout cas, je suis prêt à prendre le risque qu'un tigre vienne venger son frère ours en m'attaquant... Je rêve d'une rencontre avec le Grand Van !

Après dix jours de course, mes chiens ont perdu un peu de poids. Ces trente heures de repos tombent à pic ! Un repas toutes les six heures : je vais pouvoir les requinquer. Je passe un long moment à les masser, avant de les abandonner à un bon sommeil réparateur. J'en profite pour leur raconter tout ce qui me passe par la tête.

— Alors, mon Kazan ! Comment ça va ? Tu es content de te reposer demain ? Imagine comme tu vas être bien ici, dans le foin, lorsque le soleil va se lever... Tu veux un petit massage ? Montre-moi donc cette patte qui te faisait un peu boiter l'autre jour...

Si quelqu'un s'approche, je me tais ; je suis très pudique dans ma relation avec mes chiens. Notre intimité nous appartient.

Cette nuit, je dors dans un lit, bien au chaud, après avoir pris une longue et délicieuse douche.

J'ai tout de même laissé la fenêtre entrouverte, au cas où le tigre rugirait... mais aucun son n'a filtré !

C'est un atelier comme il en existe partout en Sibérie. Un atelier fait de bric et de broc où l'homme répare tout avec rien, contrairement à nos garages où l'on ne répare plus les choses, préférant changer la porte alors que remplacer la vis de la poignée suffirait !

Le gars, un autre Nicolaï, est jovial et habile. Il me soude un frein de sa fabrication, solide et conforme au dessin que je lui ai fourni. J'en profite pour réparer tout ce qui peut l'être et pour renforcer certaines pièces fragilisées par les nombreuses chutes.

Une journée de repos – qui n'en est pas vraiment une – file à une vitesse ! Il y a tant à faire pour réparer, raccommoder : je passe une heure à recoudre des harnais, mon sac de couchage déchiré, ma veste. Je dois aussi trouver un accès pour sortir du village et rejoindre une piste menant plein ouest, vers la frontière chinoise. Il me faut aussi traiter de nombreux messages administratifs relatifs au passage de la frontière, revoir l'itinéraire imposé en Chine, discuter avec les autorités. J'en viens à me demander si la piste n'est pas plus reposante... Heureusement, les chiens, eux, se délassent. Et ils repartent, le lendemain à l'aube, avec une pêche d'enfer !

8
▲▲▲

Quelques centaines de kilomètres nous séparent encore de la frontière chinoise que j'ai l'obligation de franchir avant le 1er janvier, date à laquelle ce poste douanier sera fermé. J'ai quelques appréhensions. Plus d'un an de démarches et de tracasseries administratives ont presque eu raison de mon opiniâtreté ! Nous n'avons reçu les visas que quelques jours avant notre départ... Heureusement, le hasard du calendrier nous a servis. À partir du 1er janvier commence, en France comme en Chine, la commémoration du cinquantième anniversaire du début des relations diplomatiques entre les deux pays : notre projet fait partie des manifestations célébrant cet événement initié par le général de Gaulle.

En route, donc, vers la frontière. Je ne vois pas grand-chose. La perspective que m'offre l'espèce de tunnel formé par ma capuche bordée de fourrure givrée est celle d'une longue-vue. Je pourrais bouger la tête mais, raidie par une gangue de glace, la cagoule de laine polaire qui enveloppe mon visage et ma barbe m'en empêche. C'est le prix à payer pour voyager par − 50 °C !

Quest, Kali et Kamik courent avec leur manteau dont la découpe laisse les épaules et les pattes libres. La fourrure des autres chiens suffit à les protéger.

Nous laissons derrière nous les montagnes et entrons dans des forêts de pins, de trembles et de bouleaux qui s'ouvrent de plus en plus souvent sur de grands espaces dégagés : des marécages, à en juger par la végétation. La mort dans l'âme, j'abandonne tout espoir de croiser LE tigre... Pourtant je n'ai cessé de penser à lui, guettant le moindre indice de sa présence, le cœur battant quand je distinguais au loin une tache fauve. J'ai rencontré deux bûcherons et un chasseur qui m'ont confirmé sa présence. Le chasseur avait aperçu, la semaine précédente, une tigresse avec deux tigrons. Quelle chance ! Mais, pour lui, un attelage de chiens de traîneau était bien plus insolite qu'un tigre !

— Reviens me voir l'hiver prochain, m'a-t-il proposé. On ira trapper ensemble et on pistera les tigres !

Je reviendrai. Je veux voir un tigre.

Il me reste une petite chance d'en croiser un dans le bassin du fleuve Amour, mais je sais que le nombre de tigres vivant sur ce territoire est bien plus faible que dans les montagnes que je viens de traverser. En revanche, à mesure que j'avance vers l'ouest, je découvre des animaux que je ne m'attendais pas à trouver ici en si grand nombre : des bandes de faisans, qui peuvent parfois compter jusqu'à une bonne trentaine d'individus. Les chiens s'en amusent et galopent avec entrain à chaque rencontre, s'imaginant sans doute qu'ils finiront par en attraper un. Mais les oiseaux, prudents, s'envolent bien avant que les chiens ne fondent sur eux. De loin en loin, nous apercevons aussi quelques renards, et, si je croise de nombreuses traces de lynx, je n'en vois aucun. Le lynx est un animal difficile à observer.

De jour en jour, les chiens adoptent une foulée plus ample et plus déliée : ils peuvent tenir des heures au trot allongé. La cadence est fluide, l'attelage fonctionne en harmonie.

Mon corps a lui aussi retrouvé son énergie. J'ai perdu mes kilos superflus et gagné en muscles. Je cours beaucoup derrière le traîneau, cherchant à repousser mes limites.

Mais, aujourd'hui, je m'abstiens. Faire entrer de l'air aussi froid dans la bouche et les poumons n'est pas recommandé. Bien au contraire, nous devons doser nos efforts – les chiens et moi – pour ne pas risquer les engelures.

Vers 14 heures, je cherche des yeux un arbre mort pour faire une pause, allumer un bon feu et y faire fondre de la glace pour les chiens lorsque je distingue de la fumée au-dessus de la forêt. Un petit sentier conduit à une clairière où j'aperçois une cabane. Burka et Quest prennent l'initiative de suivre la bifurcation. Je laisse faire, me réjouissant à l'avance d'une halte qui me permettra de dégeler la gangue de glace qui me paralyse le visage.

Un chien, attaché par un bout de corde à la cabane, prévient son propriétaire de notre visite. L'homme, âgé d'une quarantaine d'années, nous guettait à la fenêtre ; il sort, accompagné d'un adolescent affichant un sourire radieux. Il a entendu parler de moi et de mon probable passage dans le coin à la radio.

— *Da vai ! Da vai ! Colodna t Tchai pite ili vodka moujet bit ?*

« Vite ! Vite ! T'es gelé, viens prendre un thé au chaud, ou peut-être une vodka ? »

Je lui explique que je n'ai pas froid, que je vais garer mon traîneau dans la neige fraîche pour que les chiens puissent s'y reposer et que ce serait formidable s'il pouvait me remplir ma glacière d'eau pour que je la leur distribue. Ensuite, je partagerai avec grand plaisir une boisson chaude dans sa cabane.

Il observe les chiens avec intérêt, me demandant l'âge et le nom de chacun. Lorsqu'il apprend d'où je viens et la moyenne kilométrique effectuée chaque jour depuis mon départ, il siffle d'admiration.

Je ne repars que deux heures plus tard, car Serguei déploie des trésors d'imagination pour me persuader de passer la nuit là. Lorsque je lui dis au revoir en le remerciant chaleureusement, il dodeline de la tête pour bien me faire comprendre que je suis très sympathique mais complètement fou. Ce que je lui concède bien volontiers.

J'ai passé plus de trois ans en Sibérie. J'y ai parcouru près de vingt mille kilomètres et croisé une multitude de gens. Jamais je ne suis arrivé quelque part sans que le gîte et le couvert me soient proposés. Si bien qu'aujourd'hui, à la vue d'une cabane, je ne me pose même plus la question de savoir si je vais être invité à entrer ou non. Quelle leçon de savoir-vivre pour les Français dont le pays est réputé être l'un des moins accueillants au monde ! Voyager dans un pays où l'on se sent partout le bienvenu est extraordinaire. À travers ce témoignage, ce sont tous les Sibériens chez qui je suis resté une nuit, qui m'ont nourri, réconforté, réchauffé, que je voudrais remercier du fond du cœur. J'espère, en retour, leur avoir offert un moment de joie, car partout j'ai fait de mon mieux pour que mon passage demeure un souvenir heureux.

9

30 décembre. – 48 °C

J'arrive à Amourziet qui, comme son nom l'indique, se trouve au bord du fleuve Amour. De l'autre côté : la Chine. Je découvre le fleuve au coucher du soleil, dont la lumière rasante colore de mille feux les glaces émergeant du *pack*, un amoncellement de morceaux de glace atteignant, par endroits, deux mètres de haut.

Le poste douanier ferme : je passerai demain avec les membres de mon équipe. Les chiens, bien installés sur un épais tapis de foin, se reposent, loin de se douter qu'ils seront vraisemblablement les premiers chiens de traîneau à traverser cette frontière. Pour obtenir l'exemption de quarantaine, des mois de tractations, des dizaines de courriers et de rencontres ont été nécessaires... sans garantie. Pourvu que tout se déroule bien demain ! Je dors mal : je connais assez d'histoires de frontière pour savoir que rien n'est jamais gagné d'avance.

Les chiens arrivent en trombe devant le poste frontière, et j'ai toutes les peines du monde à les stopper. Comme à son habitude, Dark aboie de toutes ses forces, encourageant les autres à faire de même. Résultat, tout le personnel de la douane russe défile pour voir les chiens. Le processus s'engage plutôt bien avec le responsable qui, tout sourires, prend connaissance de nos documents. Du coup, mes coéquipiers et moi, nous rions, signons des posters pour les douaniers qui contrôlent les papiers des chiens ainsi que les cartes grises des véhicules et des motoneiges. Il faut des tampons, des photocopies de documents, des photos... mais ça avance. Je me détends enfin.

La mine déconfite d'Arnaud coupe court à cette euphorie.

— Le responsable de la douane dit qu'il n'est pas habilité à signer un carnet ATA (document d'importation temporaire de marchandises) et que, sans ce document

signé, il ne peut pas nous laisser passer. Il nous propose de nous rendre à un autre poste !
Ce qui est impossible. Nous préparons ce passage depuis des mois : les démarches effectuées jusqu'à aujourd'hui ne sont valables qu'à ce poste frontière ! Il faudrait tout recommencer et cela prendrait des semaines ! En outre, notre itinéraire s'en trouverait modifié et devrait lui aussi être validé à nouveau, ajoutant au retard quelques semaines supplémentaires...
Je demande à voir le responsable pour lui montrer la lettre du ministre russe des Affaires étrangères accordant son soutien à l'expédition. Mais l'homme ne veut rien savoir.
— Il y a des règles dans ce pays, et la plus élémentaire pour un étranger est de les respecter ! m'assène-t-il avec une certaine arrogance.

De l'autre côté du fleuve Amour, les Chinois s'impatientent. Je sais par notre traducteur qu'ils ont installé des banderoles de bienvenue et que de nombreux médias et officiels m'attendent. Dépité et un peu honteux, je suis obligé de les informer qu'ils ont fait tout cela pour rien...

Je tente de joindre les services de l'ambassade de France et les autorités russes, pour m'entendre dire partout que je ne pouvais pas plus mal tomber. Nous sommes vendredi, veille du plus grand pont de l'année (le Noël orthodoxe russe), et tout le monde, services administratifs compris, est en congé. Demain, nous sommes samedi, et dimanche la douane est fermée… J'envoie des messages à l'ambassadeur de Russie en France, au Quai d'Orsay, aux autorités russes dont j'ai les coordonnées. Tard dans la nuit, je reçois enfin un message rassurant de l'ambassade me conseillant de me présenter à la première heure, le lendemain, au poste frontière.

Deuxième tentative. Le douanier en faction à la barrière s'en va voir son responsable et revient quelques minutes plus tard nous informer qu'il n'y a rien de nouveau et que nous devons attendre, ce que nous faisons durant six longues heures. Finalement, c'est le responsable de la douane en personne qui vient nous répéter (avec un plaisir manifeste) qu'il n'a reçu aucune nouvelle autorisation nous concernant.

Nous sommes donc bloqués jusqu'à lundi, au moins. Le moral en berne, nous faisons demi-tour, nous disposant à passer deux jours dans ce village que nous commençons à détester.

Toutefois, le temps est merveilleux. Il fait entre − 30 °C et − 40 °C, pas un souffle de vent et grand soleil. Les chiens sont en pleine forme et ils ne demandent, comme moi, qu'à courir. Je multiplie les démarches en tout genre, lettres aux ministres concernés, messages, SMS, mails… La réponse est toujours la même : « Je vais voir ce que je peux faire, mais toutes les administrations sont fermées ! »

Le lundi matin, je parviens à contacter de nouveau plusieurs personnes au Quai d'Orsay et à l'ambassade. J'ai par ailleurs alerté les médias, qui ont relayé l'information, et ça commence à bouger, d'autant que j'ai fait savoir que nous serions bientôt à court de nourriture pour les chiens, les vivres prévus pour la suite de l'expédition étant stockés à deux kilomètres de là… en Chine !

Dans la nuit de lundi à mardi, nous recevons confirmation qu'une autorisation exceptionnelle a été accordée au poste douanier d'Amourziet pour signer les documents ATA nous permettant de sortir de Russie. Cette confirmation devrait arriver au plus tard le lendemain matin : on nous conseille de nous présenter au poste vers 11 heures, le temps que le responsable prenne connaissance de ses mails.

Que s'est-il passé ? Le responsable a-t-il effacé le mail ou ne l'a-t-il pas reçu ? Nous ne le saurons jamais, mais je penche pour la première hypothèse… Je ne peux joindre l'attaché douanier de l'ambassade que tard dans la journée. Ce dernier nous demande de nous tenir prêts à franchir le poste… mais le temps s'écoule, et, à 17 heures, aucun mail n'est arrivé lorsque la douane ferme pour ne rouvrir que le surlendemain, Noël orthodoxe oblige. Je suis furieux.

Mercredi. Cela fait cinq jours que nous sommes ici. Cinq jours durant lesquels nous aurions pu filer, à raison de cent kilomètres par jour, sur ce fleuve Amour que je rêve d'emprunter depuis le premier jour de la conception de ce voyage ! Je suis comme un lion en cage, alors que la météo m'offre des conditions de progression idéales. Heureusement, dans la soirée, le numéro deux de l'ambassade de France à Moscou m'informe qu'il a obtenu toutes les autorisations nécessaires et que nous pourrons sortir de Russie le lendemain. Il a personnellement vérifié que le responsable de la douane les avait bien reçues.

Forts de cette certitude, nous partons fêter cela dans l'unique restaurant de la ville. Et vers 21 heures, nous recevons la visite d'un étrange personnage qui nous demande de sortir pour rencontrer quelqu'un qui ne tient pas à se montrer mais qui « a quelque chose d'important à nous dire ».

Dehors, dans l'ombre de la bâtisse, je reconnais la responsable du service vétérinaire du poste de douane. C'est elle qui a contrôlé les papiers des chiens et a validé leur sortie du territoire. Cette femme nous informe que le responsable de la douane lui a téléphoné pour lui suggérer de ne pas autoriser la sortie des chiens, sous prétexte que l'autorisation a été accordée pour le poste douanier de la ville voisine, celle où nous avions prévu de passer jusqu'à ce que le Service fédéral de sécurité de la Féderation de Russie nous impose Amourziet. Personne n'avait alors jugé utile de modifier le nom du poste sur le document de sortie des chiens... Elle nous prévient qu'elle ne pourra pas laisser les chiens sortir, à moins que nous puissions faire établir cette modification par les autorités compétentes et la lui envoyer avant le lendemain matin par voie électronique.

C'est un cauchemar !

Je rappelle l'ambassade. On me rassure. Ils vont résoudre le problème. Je m'endors, pas vraiment convaincu... J'ai pris ma décision : demain soir, je serai en Chine, ou je demanderai mon rapatriement et celui des chiens en France !

Au petit matin, une voiture officielle se gare devant la bâtisse où nous sommes confinés depuis six jours. Un haut responsable douanier de Khabarovsk, dont dépend Amourziet, vient me certifier que toutes les consignes ont été données pour faciliter mon passage aujourd'hui. J'évoque le problème énoncé par la vétérinaire, sans préciser de qui je tiens l'information.
— Je vous le répète, monsieur Vanier, tout est réglé.
À 9 heures, nous nous présentons devant la barrière de la frontière. Des agents nous parquent dans l'enceinte du poste, sur un coin de parking bétonné, par − 40 °C. Malgré mes protestations, les chiens resteront là six heures, durant lesquelles le responsable de la douane poussera le vice jusqu'à compter le nombre de bottines dans chacun des sacs...
À 15 heures, nous avons en main tous les documents et la barrière s'ouvre enfin ! Au milieu du fleuve, alors que le soleil se couche, faisant scintiller les glaces, l'émotion m'envahit. Malgré toutes les difficultés, je suis passé ! Les chiens galopent vers la Chine et les deux kilomètres de la traversée de ce grand fleuve s'effectuent à la vitesse de l'éclair.

C'est par une arche que nous pénétrons dans le poste frontière chinois. Des sourires sympathiques m'accueillent, accompagnés de quelques applaudissements. Certains journalistes ont patienté. Je reconnais aussi Thomas, l'un de mes plus fidèles amis, venu réaliser quelques images de mon périple en Chine. Et Jean, notre interprète, et Shi Ge, la responsable de l'agence, intermédiaire obligatoire en Chine, qui a supervisé toutes les autorisations. Tous ces gens nous attendent depuis six jours !

Il fait nuit lorsque nous entrons dans la ville de Minghan où nous attendent une petite réception et un excellent dîner. L'équipe dort à l'hôtel ; je m'installe dans le jardin sur un peu de paille, avec mes chiens.

Je sais que je dois impérativement sortir de Chine avant le 26 janvier, date à laquelle expirent toutes nos autorisations. J'ai par ailleurs été informé que je devais combler mon retard, la date d'entrée en Mongolie Intérieure étant elle aussi imposée et non modifiable. Or je ne pourrai, en aucun cas, rattraper le temps perdu. Les six cents kilomètres que j'aurais dû courir durant cette période d'attente devront se faire en train ou en camion. Je dois me résoudre à sacrifier une partie de mon voyage pour sauver le reste…

10

À peine deux cents mètres séparent le fleuve Amour du jardin de l'hôtel où j'ai dormi avec les chiens. Je m'applique à bien négocier la descente raide permettant d'accéder au fleuve, pour laisser une belle image aux spectateurs qui assistent au départ.

— Les chiens ! Allez !

Les chiens arrachent avec enthousiasme le traîneau, qui s'élance sur la belle surface gelée. Je veux courir libre sur ce fleuve Amour dont on m'a interdit l'accès six jours durant. L'air glacial me fouette le visage alors qu'un énorme soleil rouge se lève dans l'axe du fleuve, l'illuminant de lueurs mauves.

Je suis ému, ce matin.

Ému d'être là, avec mes chiens, sur ce fleuve dont l'accès est interdit aux Russes comme aux Chinois, à l'exception de quelques pêcheurs munis d'autorisations spéciales pour se rendre en un unique lieu de pêche. Nous avançons sur une langue de glace d'une vingtaine de mètres de large. Elle est recouverte de neige tassée par le vent et longe la rive chinoise du fleuve, dont je n'ai pas le droit de franchir la ligne médiane, sous peine de me faire tirer dessus par les Russes.

Le centre du fleuve est envahi par le *pack*. C'est, m'a-t-on confirmé, le plus dense et le plus haut jamais observé depuis plus d'un siècle ! Ce phénomène s'explique par l'inhabituelle douceur du mois de novembre, durant lequel le fleuve s'est chargé en glace formée dans les portions calmes, sans que les zones rapides gèlent. Les conséquences sont lourdes pour les villes et les villages installés le long des cours d'eau sur le lit desquels se font, l'hiver, l'essentiel des déplacements. Les habitants de certaines régions sont ainsi contraints de faire acheminer par avion la nourriture et le matériel nécessaires à leur subsistance…

Hier soir, j'ai obtenu des autorités l'autorisation de faire une étape de deux jours sur le fleuve Amour jusqu'au village de Jiayin. Pendant ce temps-là, Pierre et Arnaud vont organiser le transfert en camion jusqu'au village de Human. Nous nous calerons alors à nouveau sur l'itinéraire et les dates que je me suis engagé à respecter. Après cette semaine passée à tourner comme un lion en cage, je ne pouvais concevoir, pour moi comme pour les chiens, deux jours de plus sans reprendre la piste !

Sur le fleuve, la progression devient chaotique, à travers des amoncellements de glace qui ne laissent plus aucun couloir libre. Parfois aussi, le fleuve s'ouvre sur de grandes surfaces de glace vive où les chiens glissent et tombent, risquant de se blesser. Pour éviter ces zones, je prends le parti d'emprunter un chemin parallèle au fleuve à travers champs et forêts, revenant sur l'Amour aussitôt que j'aperçois de belles portions de glace suffisamment plates.

Sur les rives, la plupart des champs sont plantés de maïs resté sur pied, dans lequel des animaux domestiques, mais aussi sauvages (sangliers, chevreuils et tétras-lyre si j'en juge par les traces), se nourrissent. Certains ont été récoltés à l'automne, et les pailles, coupées en biseau, sont autant de dangers pour les pattes des chiens. Je les évite, effectuant de grands détours qui me réservent quelques surprises quand je tombe sur de profonds fossés creusés par les paysans pour irriguer les champs.

À la mi-journée, je traverse une chênaie dans laquelle je relève une quantité impressionnante de traces de sangliers. Je suis surpris de la taille de certaines empreintes. Je savais que les sangliers de Mandchourie étaient les plus gros du monde, et j'en ai la confirmation ! Les chiens, excités par les effluves, vont bon train, m'obligeant à de brusques changements de prise d'appui sur les patins lorsque je dois slalomer entre les arbres. Nous parvenons vite au bout d'une piste faite par des pêcheurs, qui ont installé une petite tente chauffée au bord du fleuve.

Alertés par leurs chiens, ils sortent de leur abri et regardent, ahuris, l'attelage se garer dans la clairière. Leur étonnement est à son comble lorsqu'ils comprennent que je suis français. Un Français avec des chiens en zone frontalière interdite, il y a de quoi surprendre un pêcheur chinois. Je pense qu'ils en parleront encore dans vingt ans !

Les deux pêcheurs m'invitent à entrer dans leur tente construite autour d'un poêle à bois dont la tuyauterie traverse tout l'espace sous le lit, le chauffant. Le système est ingénieux. Ils m'offrent un thé et, dans un bol de bois, un délicieux mélange de riz, d'herbes aromatiques et de poisson que je mange avec appétit. À grand renfort de gestes, un curieux dialogue s'installe. Ils m'invitent à les accompagner jusqu'à leur trou de pêche, qui se trouve à cent mètres de leur tente. Ils l'entretiennent en permanence, avec de grandes piques métalliques pour casser la pellicule de glace. Plusieurs cordes sont fixées aux deux nasses qu'ils relèvent l'une après l'autre. Leurs prises, des lamproies, effectuent à cette époque de l'année de grands déplacements migratoires et se font prendre dans le couloir des hauts fonds qu'elles empruntent.

Ils m'en offrent plus de dix kilos pour mes chiens, qui s'en régaleront ce soir. En échange, je leur donne quelques barres chocolatées, et nous nous quittons.

Un peu plus tard, sur une belle portion du fleuve, je rencontre un autre groupe de pêcheurs qui entassent sur le bord de leurs trous trois tas de poissons gelés : des lamproies, mais aussi des brochets, des carpes et quelques poissons-chats. À ce spectacle, mes chiens deviennent fous. Je hurle, mais je sais comment ça va se terminer : un tas de chiens dans un tas de poisson !

Je saute du traîneau pour attraper les chiens de tête, que je hale loin du tas, les autres suivent sans trop se faire prier, puisqu'ils ont tous eu le temps, sauf Kamik évidemment, d'attraper un poisson. Je plante l'ancre et m'approche des pêcheurs pour leur présenter mes excuses. Les hommes me font comprendre en riant qu'il n'y a aucun problème. Ils me le prouvent en m'offrant à leur tour du poisson, ce qui me permet d'en donner un à Kamik. Ce chien est tellement timide et soumis qu'il n'ose rien tenter !

J'ai invité mes amis pêcheurs à me suivre pour observer de près les chiens, qui semblent les captiver. En émettant de nombreux commentaires, ils les détaillent les uns après les autres et les pointent du doigt en me posant des questions que je ne comprends pas, ce qui provoque des rires joyeux. Je leur montre le fonctionnement du frein et leur propose de monter sur les patins du traîneau. Quelques instants plus tard, je relance les chiens après avoir remercié et dit au revoir :

— *Haou lé ouzoulé !*

Ils sont ravis d'assister au départ et applaudissent lorsque les chiens bondissent en avant.

Nous filons. Les chiens ne pensent plus qu'au poisson et galopent vers le prochain tas, qu'ils espèrent, j'imagine, apercevoir au détour de chacune des boucles de la rivière. Mais nous ne croisons plus un seul pêcheur de la journée, seulement quelques sentinelles russes juchées, de l'autre côté du fleuve, sur de hauts miradors qui dominent la forêt.

11
▲▲▲

11 janvier. Chine. Province Hellongjiang. – 44 °C.

En fin de journée, après le trajet en camion, je me fais déposer au bord d'un affluent de l'Amour. Une lumière douce coule sur le paysage et c'est avec plaisir que je fais ronfler le poêle dans la tente que Thomas et moi avons montée au crépuscule. Ce soir, nous évoquons des souvenirs accumulés au fil des expéditions, des courses et des voyages. Tout contribue à faire revivre ces moments partagés, nos gestes, les craquements du bois dans le petit poêle en tôle, l'odeur de la toile chaude et des branches de sapin qui exhalent un parfum très particulier…

Nous parlons, parlons, alors que dehors, les chiens, roulés en boule sur le lit de joncs que j'ai coupés pour eux, s'endorment en rêvant de poissons.

L'affluent que nous allons remonter jusqu'à sa source n'est pas envahi par le *pack*. En revanche, la glace est mauvaise, d'une épaisseur variable : il me faut rester très vigilant. Quelques pêcheurs et bûcherons ont tracé des pistes qui se croisent et parfois s'interrompent sur un trou de pêche ou un tas de bois. Mon seul problème est le franchissement de passages compliqués à vive allure car j'ai le plus grand mal à ralentir les chiens. Toutefois, Burka se montre dissipée et même parfois un peu timorée, se laissant conduire par Quest. J'ai l'impression qu'elle a envie de profiter du voyage en « touriste », comme le font Dark, Unik ou Happy.

La rivière se sépare souvent en plusieurs bras ; nous contournons les îles en essayant de rester dans le bras principal. Trouver une route de bonne glace entre les bras encombrés de *pack* ou d'arbres morts et les méandres où s'accumule de la *slutch*, un mélange d'eau et de neige dans lequel il ne fait pas bon tomber, devient de plus en plus difficile.

Surtout avec une chienne de tête qui n'est pas à son affaire !

— Burka !
Au manque de concentration s'ajoute un évident refus d'obéissance que je ne peux pas tolérer.
— Burka ! Tu te fous de moi, là !
Les autres chiens, manifestement, se marrent. C'est comme si la maîtresse se faisait engueuler par le directeur de l'école devant ses élèves : quel pied ! Et cela fait du bien à Burka, qui se prend pour une diva.
Je stoppe l'attelage pour placer Miwook à la place de Burka. Burka, reléguée en deuxième position, accuse le coup. Quant à Miwook, il m'implore du regard, comme pour me dire : « Tu n'as sans doute pas fait exprès de me mettre là, mais laisse-moi ma chance ! »
Je remonte l'attelage jusqu'à mon traîneau en flattant les chiens – y compris Burka –, puis je donne l'ordre du départ. Miwook plonge dans le harnais, attentif et très concentré. Cinq cents mètres plus loin, j'aperçois une zone d'eau libre qu'il faut contourner pour longer une île, afin de rejoindre une trace que je devine.
— *Yap ! Yap* encore !
Miwook n'attendait que cela : un ordre pour me montrer ce dont il est capable ! Il a agi avec tant de rapidité que Quest n'a pu que suivre.
— C'est bien, mon Miwook ! C'est très bien !

Il rayonne de fierté, alors que Burka feint l'indifférence. Si elle ne courait pas, elle hausserait les épaules !

— *Djee*, Miwook ! Devant ! Devant !

Il file droit vers la pointe de l'île, entraînant dans son élan Quest, un peu déboussolée par cette prise de pouvoir. Je suis stupéfait. Je m'attendais à ce que Miwook épaule Quest, mais de là à imaginer qu'il prendrait si vite la direction des opérations...

Je suis attentif à Miwook autant qu'à Quest, mais aussi à Burka, car je sais à quel point une telle expérience peut être traumatisante pour un chien. Nous allons ainsi durant une bonne demi-heure, et Miwook ne commet pratiquement aucune faute, dosant les virages, visant juste dans les lignes droites, faisant même preuve d'une certaine initiative lorsque je le laisse agir. Quest suit. Quelle révélation et quelle erreur de jugement de ma part ! Pourquoi n'ai-je pas mis Miwook en avant plus tôt ?

Je stoppe l'attelage et félicite tous les chiens, qui ressentent ma bonne humeur et ma satisfaction. Je caresse Burka.

— C'est bien, ma Burka. C'est bien, mon Miwook. C'est vraiment très, très bien. C'est bien, ma Quest.

Je la flatte tout en la détachant et continue à la féliciter alors que j'échange sa place avec Burka pour tenter de mettre cette dernière en binôme avec Miwook. Que va-t-il se passer ? Qui va prendre l'ascendant ? Autant de questions auxquelles je n'ai pas de réponse. J'ai pesé le pour et le contre et je suis persuadé qu'il ne faut pas attendre. Laisser plus longtemps Burka à l'écart est une punition d'autant plus insupportable que Miwook se montre brillant.

— Alors, ma Burka... mon Miwook...

Je les caresse en même temps pour sceller le binôme, leur faire comprendre qu'ils réussiront ou échoueront ensemble. Je n'insiste pas trop non plus. Je ne veux pas que mon angoisse se communique à eux. Il faut que l'exercice s'effectue dans une ambiance apaisée et détendue.

Je félicite Quest pour bien lui montrer que son changement d'affectation n'a rien d'une punition.

Puis je donne l'ordre du départ.

— Miwook, Burka ! Allez !

Ils s'élancent, et à leur suite l'attelage tout entier, comme un seul homme, ou plutôt comme un seul chien. Le bras que nous suivons, étroit et sinueux, débouche sur un élargissement de la rivière où je devine des zones de *slutch*.

— *Djee !*
L'ordre est exécuté presque simultanément, mais dans sa précipitation à devancer Miwook, Burka a tourné trop franchement.
— *Yap !* Là, devant ! Devant !
Cet ordre indique que la direction prise est la bonne et qu'il faut aller droit. Certains chiens de tête sont incapables de viser un repère et slaloment sans cesse. Je m'aperçois tout de suite que Miwook s'applique à anticiper mes intentions.
— C'est bien ! Devant !
En douceur, Miwook prend le commandement des opérations. Maintenant que sa rivale a été écartée, Burka accepte que son coéquipier pilote : je ne discerne pas la moindre jalousie ou irritation de sa part, ce qui m'étonne et m'enchante. Je dispose donc en tête de deux binômes parfaits — Miwook avec Quest ou avec Burka — et d'un binôme de remplacement avec les deux chiennes.
— C'est bien, Burka ! Bien, Miwook ! C'est bien, mes petits chiens !
Nous poursuivons ainsi jusqu'au crépuscule. Lorsque Miwook hésite, Burka l'épaule avec brio, ce qui donne de

l'assurance à Miwook dont les progrès, en une journée, sont spectaculaires. Jamais je n'aurais imaginé obtenir un tel résultat en le plaçant en tête. Décidément, les chiens auront toujours des choses à m'apprendre !

12
▲▲▲

Ce matin, l'allure est soutenue. Avec les inondations de l'automne, une quantité impressionnante de trembles déracinés s'est accumulée dans les courbes de la rivière. Les bûcherons profitent de l'hiver pour circuler avec de vieilles pétrolettes sur la rivière gelée. Ils débitent les arbres, formant des tas de bois d'environ trois mètres de long, que des camions viennent ensuite chercher, traçant de belles pistes gelées sur lesquelles les chiens avancent au grand galop.

Dès le départ, j'ai placé Miwook et Burka en tête. À côté de Quest, j'ai placé Unik. Ces deux-là s'entendent plutôt bien. Quest se contente de la place qu'on lui donne. Je suis convaincu qu'elle préfère courir en deuxième position avec Unik plutôt que devant avec sa rivale.

Au milieu de l'attelage vient le couple parfait constitué des deux frangins, Happy et Kali, dont la régularité en course tient du métronome. Les regarder courir est un enchantement tant ils s'accordent parfaitement. Derrière eux, Kamik et Kazan font piètre figure. Ce ne sont pas de mauvais chiens, loin de là, mais leur course, moins fluide, n'a rien à voir avec celle de ces champions hors norme.

— C'est bien, mon Kamik ! Bien, mon Kazan !

Je n'oublie jamais de les encourager, de les féliciter, et ils me le rendent bien en mettant tout leur cœur à l'ouvrage.

Juste devant moi viennent les indissociables Dark et Wolf. Le bon gros Wolf et Dark, le gai luron. Ces deux-là développent ensemble une puissance capable d'arracher le traîneau dans la pire des situations. Dark peine un peu quand la cadence s'accélère, mais il est si opiniâtre et volontaire qu'il ne le montre jamais. Je ne le pensais pas capable de suivre un tel rythme plusieurs jours de suite. J'en suis quitte pour réviser mon jugement une fois de plus.

« Fais confiance à tes chiens. » Ce fut le premier conseil de mon grand ami, Frank Turner, vainqueur de la Yukon

Quest. C'est lui qui m'a fait découvrir et aimer le monde des grandes courses de chiens de traîneau. Avec lui, auprès de lui, j'ai appris à repousser les limites et obtenu de mes chiens bien plus que je ne l'aurais imaginé.

« Fais confiance à tes chiens. » C'est ce que j'essaie de faire depuis, sans toujours y parvenir. Pour preuve, ces leçons que me donnent Miwook et Dark.

Demain, à qui le tour ?

Mes journées sont en grande partie consacrées à mettre en place la meilleure équipe possible. Constamment, je recherche ce que je pourrais améliorer, comment donner de la confiance aux chiens qui en manquent, de l'affection à ceux qui en ont besoin. Comment atténuer un défaut, sublimer une qualité. Cette recherche perpétuelle et les progrès que l'on obtient sont une source de satisfaction continuelle qui, au-delà des paysages que je traverse et des rencontres que je fais, m'apporte énormément.

Au détour d'une courbe de la rivière, j'aperçois un pêcheur ; celui-ci m'interpelle en anglais.

— Hoooo ! *Where do you come from ?*

J'écrase le frein et stoppe l'attelage, fixant l'ancre dans une fissure de glace, puis je couche le traîneau sur le côté, pour montrer aux chiens que l'on ne repartira pas de sitôt... ce que Dark ne peut pas comprendre.

— Dark ! Tais-toi !

Je me fâche et il se tait, le temps que j'explique qui je suis et d'où je viens. J'obtiens en retour quelques informations sur cet étrange pêcheur, âgé d'une soixantaine d'années. Devant le petit feu qu'il entretient non loin de son trou de pêche, il me raconte son histoire.

Yongsilu est pêcheur, fils et petit-fils de pêcheur. Autrefois, il pêchait en une demi-journée une douzaine de kilos de poisson pour nourrir sa famille. Ils en consommaient une partie et échangeaient le reste contre ce dont ils avaient besoin pour vivre. Puis les enfants ont grandi et ils ont voulu une télévision, un téléphone... Alors Yongsilu s'est mis à pêcher vingt, puis trente kilos de poisson par jour. Mais, comme tous les pêcheurs de la rivière procédaient de même, la population de poisson a diminué. Alors, pour compléter ses revenus, il s'est résigné à aller travailler dans une usine de fabrication de pâte à papier. Au début, il y travaillait quatre heures par jour... puis jusqu'à dix heures, six jours sur sept. Aujourd'hui Yongsilu possède une télévision, un téléphone et l'électricité, mais il regrette le temps ancien et béni où, chaque matin, il partait à pied pêcher la juste quantité de poisson dont il avait besoin pour (bien) vivre.

Chaque dimanche, le vieux revient pêcher, mais les prises sont rares car l'usine dans laquelle il travaille rejette trop de cellulose et de chlore... Alors, il se contente d'écouter le chant des tétras-lyre qui dans les hauts pins chantent encore au lever du jour.

— Et comment as-tu appris l'anglais ?
— À l'usine ! Mon camarade l'avait appris dans l'armée, car il travaillait dans les transmissions.

Yongsilu est ravi de s'exercer avec moi. Son sourire est immense, il est intarissable et me pose d'innombrables questions sur mon pays, ma famille, mon travail.

— Est-ce vrai qu'en Europe, vous travaillez très peu et que vous gagnez beaucoup d'argent ?

Je lui explique que ce n'est pas une généralité, même si certaines personnes gagnent beaucoup d'argent, notamment dans le monde de la finance... Les chiens commencent à s'impatienter et je dois plusieurs fois intervenir pour les calmer. Mais pas question de prendre congé sans partager le repas et boire un verre de thé !

Tout l'après-midi, comme j'aime parfois le faire sur mon traîneau, je vais philosopher à la lumière de cette histoire simple mais riche d'enseignements. Dans un voyage tel que le mien, renoncer au superflu met en évidence le nécessaire. Cependant, liberté ne signifie pas désinvolture, car le voyageur paiera de sa vie d'avoir mal choisi ce dont il a besoin ou non. Dans le désert du Sahara, on raconte l'histoire d'un voyageur occidental mort de soif au bord d'un puits parce qu'il avait oublié d'emporter une corde et un seau pour puiser l'eau...

J'aime pouvoir me contenter de peu ; lorsque je rentre de voyage, je suis émerveillé par l'eau qui coule d'un robinet, par la lumière qui, d'une simple pression sur un bouton, jaillit dans la nuit. C'est ce que nous enseignons dans le camp à ceux qui nous font l'amitié de venir nous rendre visite : l'amour de la nature, impliquant le respect et la modération, par la prise de conscience de ce que cette nature nous donne.

13

La rivière, dans la taïga mandchoue que surplombent des collines rocheuses, ressemble à un long serpent d'argent. Malgré la glace qui s'accumule dans mes cils, j'écarquille les yeux autant que je peux pour m'imprégner de cette enivrante beauté. À ce plaisir immense s'ajoute celui de voir Burka et Miwook fonctionner si bien ensemble. J'avais prévu de replacer Quest en tête pour quelques heures, mais j'y ai renoncé. Elle n'en a pas envie, son attitude le prouve.

Devant, Miwook a pris le *leadership*. Burka l'épaule et le rassure lorsqu'il hésite, ce qui arrive de plus en plus rarement. Ce chien m'impressionne. Il est appliqué, prudent, mais réactif quand il le faut. En outre, il possède une qualité rare chez un chien de tête : il est capable de prendre des caps et de les conserver jusqu'à ce que je rectifie la trajectoire. En revanche, il tire moins que lorsqu'il se trouvait dans l'attelage, comme si sa « promotion » le dispensait de cette tâche subalterne. Alors que Burka garde le trait tendu, Miwook attend mes ordres, et je dois souvent le relancer.

Quant à Quest, délivrée de sa responsabilité de chien de tête, elle se laisse aller à sa passion : la chasse. Elle hume, ne laissant pas une empreinte de côté. Elle ressemble à un écolier qui essaierait de détourner l'attention du maître, le temps d'attraper une friandise cachée sous son bureau ! Il faut la voir dévier progressivement la trajectoire du trait en feignant un écart de piste... tout en me guettant du coin de l'œil.

— Quest ! Allons, un peu de sérieux !

Queue basse, repentante, elle rentre dans le rang... puis recommence dix minutes plus tard.

Alors que nous longeons une berge de la rivière en frôlant les joncs qui l'envahissent, Quest plonge tout à coup sa tête dans la neige et ressort avec une perdrix qu'elle a saisie par le bout de l'aile. En effet, les lagopèdes ont pour habitude de dormir dans un trou qu'ils creusent en se laissant tomber dans la neige. La pauvre perdrix claque son aile libre contre la joue de Quest, tandis qu'Unik effectue des bonds de côté pour la saisir. Quest grogne entre ses dents pour le tenir à distance.

L'attelage entier accélère, comme si d'autres perdrix attendaient au prochain tournant.

— Hoooo, les chiens ! Doucement ! Doucement !

Quest se trouve face à un dilemme. Pour manger la perdrix, il lui faut lâcher l'aile, planter ses crocs dans l'animal et le tuer – au risque de lui permettre de s'échapper – ou conserver sa prise sur l'aile et laisser un autre chien se saisir de l'oiseau, ce qu'ils essaient tous de faire. Pour l'aider, je pourrais arrêter l'attelage. Ce qui revient à condamner cette pauvre perdrix... Je décide de lui donner une chance.

Mais la perdrix s'essouffle et gifle Quest de moins en moins fort. Bientôt, l'oiseau ne bouge plus. Je stoppe alors l'attelage pour permettre à Quest de manger sa proie. Elle l'engloutit en quelques bouchées, sans en laisser une miette aux autres, qui en bavent d'envie.

Pour consoler mes troupes, je sors de mon sac ce que j'appelle des « snacks », une sorte de pâte très énergétique mise à geler en portions de deux cents grammes, que je distribue toutes les trois heures environ lorsque nous effectuons de grosses journées.

Je profite de cet arrêt pour vérifier l'état des pattes de mes chiens, sachant que même sur une piste de neige idéale de petites boules de glace peuvent se former entre les coussinets et provoquer des inflammations ou des crevasses. Il faut alors y remédier en appliquant une pommade antiseptique et cicatrisante, puis protéger la patte avec une bottine. Certains chiens, comme Burka, Dark ou Kamik, sont plus sensibles que d'autres et exigent une attention particulière.

Lors de ces pauses, les chiens ont le droit de faire à peu près tout ce qui leur passe par la tête – sauf se bagarrer et mâchouiller les traits. Ils peuvent me sauter dessus pour quémander une caresse, se rouler dans la neige... Ce moment de distraction et de complicité est indispensable à l'équilibre de notre relation car, en course, je reste très exigeant. Au moment de repartir, ils comprennent instantanément que la récréation est terminée et, de toute façon, à l'approche du départ, ils ne pensent déjà plus qu'à dévorer de la piste !

Nous repartons alors que le soleil irise le sommet des arbres. Pas un nuage dans le ciel d'un bleu uniforme. Nous sommes toujours au cœur d'un immense anticyclone.

Les températures restent froides, mais supportables, sans vent. Les zones d'eau libre, assez nombreuses sur cette rivière, se referment peu à peu. Comme il n'a pas neigé depuis un mois, il est facile de reconnaître celles qui sont dangereuses. J'éprouve un réel plaisir à déchiffrer ces signes que l'hiver livre à celui qui sait les lire. J'ai effectué des milliers, voire des dizaines de milliers de kilomètres sur la surface glacée des mers, des lacs et des rivières, et le plaisir que j'éprouve à la comprendre est proche de celui d'un musicien qui parvient à maîtriser une partition difficile.

Au détour d'une grande courbe de la rivière, j'aperçois deux loups qui, sur la berge opposée, observent l'attelage pendant une bonne minute avant de disparaître dans la forêt de bouleaux. Un peu plus loin, ce sont plusieurs gerbes de tétras-lyre qui s'envolent des pins, puis un sanglier que nous surprenons en train de traverser d'un pas tranquille le lit de la rivière. Il s'immobilise, nous fixe une fraction de seconde puis démarre au grand galop ; il rejoint la berge et d'un seul bond disparaît dans la forêt. Comme à chaque rencontre avec un animal sauvage, Quest est en transe.

— Quest !

Ce rappel à l'ordre est nécessaire car ses copains ne demandent qu'à l'imiter.

En fin de journée, les traces d'animaux sauvages s'espacent, indiquant que nous approchons d'un village, ce que confirment de nombreuses pistes dessinées par les motos. Celles-ci cessent brusquement de suivre la rivière pour entrer dans la forêt jusqu'à une sorte de clairière d'où repartent deux pistes. Laquelle prendre ? Je sais que nombre de données portées sur la carte dont je dispose sont inexactes, secret défense oblige. Plusieurs villages sont indiqués à des emplacements qui ne correspondent pas à leur situation réelle. La navigation devient hasardeuse, d'autant que les pêcheurs ou bûcherons rencontrés me donnent des indications très floues. Pourtant j'ai, en plus de la carte, un papier sur lequel j'ai demandé à un interprète d'inscrire le nom des villages en chinois, ainsi que les phrases suivantes : « Pouvez-vous m'indiquer le chemin pour me rendre à ce village ? », « Pouvez-vous me dire à combien de kilomètres se trouve ce village ? », « Pouvez-vous m'indiquer le nom de ce village ? » J'ai aussi sur moi un carnet et un crayon. En dernier recours, je dispose d'un téléphone satellite. Je peux joindre l'interprète qui est en permanence avec Pierre ou Arnaud et, après lui avoir expliqué la situation, lui passer mon interlocuteur. Ils s'entretiennent en chinois, puis l'interprète me traduit les réponses en français. Pas si simple car, pour une raison que j'ignore, les conversations sont interminables même si ma requête est de cet ordre : « Demande-lui si je dois suivre le chemin de droite ou celui de gauche ? »

C'est ce qui se produit aujourd'hui. Le traducteur m'explique que le village est à environ trois heures de route en moto, par le chemin de droite...

— Oui, d'accord, mais combien de kilomètres ?

— Il ne peut pas le dire. En revanche, il prévient que ce chemin est difficile car il traverse un marais très mauvais avec beaucoup d'*overflow*.

— Que dois-je faire alors ? Prendre le chemin de gauche ?

— Repasse-le-moi, je vais le lui demander.

— D'accord, mais je t'en supplie, fais vite, ma batterie est presque à plat !

S'ensuit une nouvelle et longue conversation durant laquelle j'ai l'impression que les deux interlocuteurs se disputent férocement – ce qui n'est pas le cas, j'ai fini par le comprendre, c'est leur façon de parler.

Enfin, le Chinois me tend le téléphone.

— Le chemin de droite ne va pas au village que tu cherches mais à un autre qui se trouve assez loin dans la montagne, mais c'est celui-là que tu dois suivre au début, jusqu'à un embranchement où habite son cousin chez qui il propose que tu t'arrêtes. Ce dernier pourra t'indiquer comment aller au village. D'après lui, il te faut encore deux jours pour y arriver.

— Où ça, pour aller chez son cousin ou jusqu'au village ? Et je croyais qu'il fallait trois heures en moto, c'est si loin que ça ?

— Repasse-le-moi.

Et ainsi de suite, jusqu'à ce que le téléphone lâche, faute de batterie. J'indique au pêcheur que je vais prendre la route de droite. Contre toute attente, il hurle des mots incompréhensibles, mais qui semblent signifier que je dois choisir plutôt celle de gauche. Je n'y comprends plus rien. De guerre lasse, j'emprunte le chemin de gauche. Il n'est pas bon. De grosses ornières ont été creusées par le passage des camions et je dérape sans cesse, tout comme les chiens, qui n'aiment pas ça. Si bien qu'à l'embranchement suivant, je n'hésite pas à nous engager sur l'autre piste, qui paraît bien meilleure. Partant du principe que toutes les routes qui se dirigent vers l'ouest me conduiront inévitablement à un village à partir duquel je pourrai rejoindre celui que je vise, je fonce. Avec un peu de chance, je croiserai quelqu'un qui me délivrera enfin une information claire et fiable. On a le droit de rêver !

Mais, cinquante kilomètres plus loin, je dois me rendre à l'évidence. Il n'y a personne ; de plus, un véritable écheveau de pistes s'offre à moi.

Je suis perdu.

Mais tout va bien. Dans le traîneau, j'ai ce qu'il nous faut pour survivre et de quoi nous nourrir, les chiens et moi, pendant encore trois jours. D'ici là, j'aurai trouvé un village, une maison, quelqu'un...

En fin de journée, le doute s'installe. Ne devrais-je pas plutôt faire demi-tour et reprendre ce qui paraissait être la route principale ? Mais je n'aime pas rebrousser chemin, dans la vie comme sur la piste, alors je continue. Et j'ai tort...

Un peu plus tard, je dépasse une petite maison en bois, vide de ses occupants, un couple d'éleveurs de rennes sur qui je tombe quelques kilomètres plus loin. Avec ma carte, mon papier, mon crayon, et grâce au téléphone satellite qui, dans ma veste, a retrouvé un peu de batterie, je finis par comprendre où je suis et comment rejoindre le village. Je dois effectivement revenir sur mes pas pendant quelques heures, puis prendre une première bifurcation à droite et une seconde un peu plus loin. Alors je rejoindrai une « grande » route qui m'emmènera tout droit au village.

Requinqués, nous repartons avant que la nuit tombe.

14

Même si cette étape s'est prolongée tard dans la nuit, j'ai eu de la chance. Pour rejoindre le point de ralliement, Arnaud et Pierre ont dû effectuer un détour par des routes impossibles. Ils sont tombés en panne dix fois, un camion a percuté la remorque laissée sur le bord de la route... Sans parler des tracasseries administratives !

Nous nous accordons une journée de repos studieux : rechercher le meilleur chemin pour franchir la ligne de partage des eaux entre le bassin du fleuve Amour et celui du fleuve Argun, qui se jette dans le lac Hulun, n'est pas chose aisée. Pendant ce temps, les chiens récupèrent, mangent puis dorment, après un bon graissage des pattes.

L'administration de la ville de Huzhong nous apporte une aide efficace. On nous indique une route forestière que les véhicules n'empruntent pas en hiver. C'est donc sur cette piste que j'entrerai en Mongolie Intérieure et que je quitterai le territoire de ces tigres dont je n'ai pas aperçu un seul spécimen. Je savais qu'en Chine mes chances d'en voir étaient presque nulles... Je trouve pourtant que je méritais bien d'en apercevoir au moins un. N'ai-je pas imaginé ce voyage dans ce but ? Je reviendrai. Je trouverai une trace et la suivrai, des jours durant s'il le faut, jusqu'à la dernière empreinte : celle qui supporte encore le poids du félin.

La piste est merveilleuse, tracée dans de jolies collines couvertes de bouleaux, de pins et de trembles. Sur cette route forestière, je n'ai pas à gérer de glaces traîtresses, de virages ou de descentes acrobatiques. Je peux me laisser aller à la contemplation du paysage, à la rêverie et au plaisir de courir avec les chiens, qui adorent cela. J'aime ressentir leur plaisir d'être là, avec moi, à courir dans ces paysages somptueux où chaque mètre est une découverte. Stimulés par mes encouragements joyeux, ils se retournent vers moi pour m'offrir un regard complice qui semble dire : « Ah oui, qu'on est bien ce matin ! »

Je m'applique : tout doit être parfait. Je stoppe l'attelage pour démêler les lignes, ajuster les harnais, vérifier les pattes. Mon traîneau est en ordre, je veille à le rééquilibrer en plaçant un peu plus de poids en arrière, puis le referme avec soin, replaçant les sangles élastiques qui maintiennent la charge. Je distribue quelques snacks et nous repartons pour un long *run* de plus de quatre heures, profitant pleinement de cette magnifique matinée.

Nous montons régulièrement depuis presque une heure lorsque nous atteignons le col où une grande arche colorée marque la frontière entre les deux provinces. Les chiens ralentissent. Comment ont-ils deviné que j'avais envie de m'arrêter ici ? Mystère.

Aussi loin que porte le regard, c'est un moutonnement de collines boisées sur lesquelles coule une belle lumière de fin de jour voilant la neige de nuances mauves. J'aperçois une succession de grands espaces ouverts, sorte d'immense clairière marécageuse que traverse une rivière. Un point noir, très loin, bouge. Ce doit être un élan, j'ai vu de nombreuses traces de ces animaux en montant. Le faible enneigement de ce début d'hiver est un atout pour eux. Un élan pèse jusqu'à sept cents kilos, et marcher dans la neige profonde lui est difficile, tant et si bien qu'il utilise tout l'hiver les mêmes pistes pour se déplacer d'une zone de gagnage à une autre afin de se nourrir. Les loups, pour épuiser ce puissant cervidé avant de l'attaquer, cherchent à l'éloigner de ces pistes dans le but de l'essouffler dans la neige profonde. Ils le suivent, le harcèlent, profitant du terrain et de la moindre erreur pour le pousser hors de ses pistes. Acculé, l'animal préfère faire face, il charge les loups et vise de ses sabots aux pointes coupantes la tête de ses prédateurs.

En traîneau, la rencontre avec un élan peut se révéler dramatique : quand le cervidé voit fondre un attelage sur lui, il charge pour se défendre des chiens, qu'il assimile à une meute de loups. Les dégâts peuvent être considérables car, attachés à la ligne de trait, les chiens ne peuvent pas esquiver les coups. Je préfère donc voir un élan de loin.

Nous repartons assez rapidement car un petit vent souffle sur le col et rend le froid mordant. Je laisse les chiens galoper dans cette belle descente régulière tout en pesant légèrement sur le frein. Le paysage défile. Nous traversons une zone de taillis assez denses, envahis de lièvres. Puis je distingue au loin un chien qui nous regarde venir, assis au milieu de la piste. L'attelage accélère immédiatement.

Ce n'est pas un chien, mais un gros lynx. Fauve, très sombre. Les chiens galopent vers lui. Lorsqu'il bondit enfin sur le côté, nous ne sommes plus qu'à une dizaine de mètres de lui. Je le regarde disparaître, ondulant souplement sur la neige. Avec ses pattes très poilues en forme de raquettes, le félin vole plus qu'il ne court, sa foulée aérienne propulsant derrière lui un petit nuage de neige poudreuse qui l'enveloppe d'un halo blanc. Je ne trouve pas d'explication au fait que ce lynx ait tant attendu pour s'enfuir. Peut-être, ébloui par le soleil rasant qui se couchait derrière nous, ne nous a-t-il aperçus qu'au dernier moment ?

Ayant trouvé un emplacement idéal pour le campement, je me hâte d'allumer un feu – le soleil disparaît à présent derrière l'écran de la forêt et la température chute très vite. Toujours pas un nuage à l'horizon, mais un ciel uniforme, d'une couleur métallique qui s'assombrit alors qu'ici et là des étoiles s'allument. Le hurlement d'un loup au loin répond au jappement d'un renard en chasse alors que j'installe les chiens sur un épais lit de branches de sapin.

Le lendemain, le froid est encore plus vif, ce qui ne nous empêche pas de filer sur cette belle piste. Malheureusement, elle rejoint bientôt un chemin de débardage dont les nombreuses ornières rendent la progression chaotique et difficile. À leur habitude, Kali et Kazan courent de façon désordonnée, sautant à droite et à gauche.

— Kazan ! Kali ! Allons !

Ils tendent leur trait, s'imaginant que c'est leur manque d'allant que je critique. Certes, ils tirent fort mais mal... comment le leur expliquer ?

En revanche, Dark et Wolf absorbent les inégalités du terrain comme le ferait un gros 4 × 4. En tête, Miwook et Burka, plus libres depuis que j'ai rallongé la petite corde qui les relie par le collier, se disputent le *leadership* pour décider dans quel couloir s'engager. Les roues des gros camions ont creusé deux sillons séparés par une sorte de saillie arrondie, recouverte d'un peu de neige fraîche, que les chiens peuvent facilement sauter. Peu importe pour le traîneau d'être dans le couloir de gauche ou de droite, mais il faut faire un choix et s'y tenir !

Alors que nous suivons celui de droite, Miwook saute brusquement dans celui de gauche : Burka n'a ni le temps ni la force de s'y opposer. Prise au dépourvu, elle se laisse embarquer. Puis, sans prévenir, elle entraîne Miwook dans celui de droite. Celui-ci tente de petits bonds sur le côté pour retourner dans « son » couloir. Mais Burka résiste, et Miwook se résigne, sachant qu'il doit jouer la surprise. Ce qu'il fait cinq minutes plus tard !

Je me marre. Est-ce un jeu ou est-ce une petite guerre qu'ils se livrent là ? Les deux compères n'avaient jusqu'ici pas montré le moindre esprit de concurrence. Alors pourquoi se disputent-ils le choix du couloir, comme deux gamins un jouet ?

Le cinéma dure un bon moment. À chaque changement de couloir, les chiens suivent, sautant facilement la bosse. Pour le traîncau, c'est un peu plus délicat. Je dois tirer sur le guidon et user de mon poids pour éviter qu'il ne se renverse. Nous avons changé dix fois de couloir et aucun des deux ne cède ; je finis par intervenir :

— Voyons, Burka ! Miwook, ça suffit ce cinéma !

Ma désapprobation est claire, mais ni l'un ni l'autre n'en tient compte.

Pour que la bataille cesse, je dois choisir un couloir et contraindre les chiens à y rester. Rien de plus facile, mais lequel faut-il prendre ? Celui de Burka, à droite, ou celui de Miwook, à gauche ? En punir un et récompenser l'autre alors qu'ils sont tous deux fautifs ?

Un embranchement va me donner l'occasion que je recherche. J'écarte les chiens du chemin et marque une pause, mise à profit pour vérifier l'état de leurs pattes

121

et leur distribuer des snacks. Au moment de repartir, je me porte devant Miwook et Burka que je mène par le collier dans le couloir de droite, le plus proche de l'endroit où nous nous trouvons – en l'occurrence, celui de Burka. C'est maintenant le mien, et je compte bien le leur faire comprendre. Miwook qui, déjà, tire vers la gauche, m'offre le prétexte rêvé pour intervenir.

— Non ! Non ! C'est fini le cirque. Vous avez compris ? Et toi, Burka, c'est pareil !

Ils courbent l'échine, tendent leur trait et progressent bien droit. Je les félicite, tout est rentré dans l'ordre.

— C'est bien, les chiens !

15

18 janvier. Chine.
Province de Mongolie Intérieure. – 39 °C.

Durant quatre jours, nous allons de village en village. Le froid est moins vif ; le ciel reste dégagé. À l'aube et au crépuscule, un voile translucide le recouvre, qui s'étire parfois en de longues traînées laissant présager un changement de temps. La couche de neige s'amenuise chaque jour.

Cent kilomètres avant le village à partir duquel je dois emprunter la rivière Tuyun, je suis obligé d'atteler les chiens au kart. Les habitants de ce village nous diront que, de mémoire d'homme, on n'a jamais vu aussi peu de neige en hiver. C'était, depuis des dizaines d'années, l'hiver le moins propice pour se lancer dans une expédition comme la mienne !

La rivière Tuyun, partiellement gelée, est recouverte d'une très fine pellicule de neige qui laisse souvent affleurer la glace vive : les chiens risquent de s'y blesser. Miwook a repris le *leadership*. Je le laisse aller, très surpris de ses initiatives heureuses et intelligentes ; je corrige parfois la trajectoire si j'aperçois des zones dangereuses ou de l'*overflow*.

Mais dans un mauvais passage de *pack*, Burka glisse, se fait mal et se met à boiter. Je stoppe aussitôt l'attelage, place Quest à côté de Miwook et installe Burka à l'arrière du traîneau, dans ce que j'appelle la « place ambulance ». Je masse longuement la zone sensible avec un baume réparateur, et nous repartons. Au premier commandement, Burka sursaute comme s'il s'adressait à elle. Je dois poser sur elle une main rassurante, tout en maintenant de l'autre le guidon du traîneau.

— Doux, ma belle ! Reste là, sage !

Elle se détend et cligne des yeux de plaisir sous les caresses, geignant même quand elles cessent.

— Hé, Burka ! J'ai un traîneau à conduire, moi !

J'ai l'étrange impression qu'elle pose sur l'attelage un œil expert et critique. Quels seraient ses commentaires si elle pouvait prendre la parole ? Je suis sûr que j'entendrais des remarques telles que : « Dis donc, Kali pourrait tendre un peu son trait ! Et Dark qui passe sans arrêt du trot au galop ? Il va se fatiguer. Ah, ces jeunes, ils ont encore tant à apprendre ! »

En attendant, Quest semble satisfaite de reprendre du service auprès du beau Miwook. Plusieurs chiens, dont Happy, Dark et Kazan, se retournent fréquemment, perturbés par la présence de Burka sur le traîneau. J'en profite pour les encourager de la voix.

— C'est bien, mon Kali ! Bien, mon Happy !

Soudain, un petit groupe dévale la berge en criant et en m'adressant de grands signes. Alors que je stoppe l'attelage, un couple de Chinois et ses deux enfants, très excités, répètent deux mots que je finis par comprendre :

— Nicolas Vanier ! Nicolas Vanier !

Ils me font ainsi comprendre qu'ils me connaissent et m'attendaient. Sans doute ont-ils entendu parler de moi à la radio chinoise, qui donne régulièrement des nouvelles de ma progression ! Ils tiennent à ce que je fasse halte chez eux. La pente est raide pour atteindre leur maison mais, d'un naturel curieux, les chiens hissent le traîneau avec facilité. Je gare l'attelage en fixant le trait à un arbre au moyen d'une petite corde et sors ma glacière pour distribuer de l'eau aux chiens.

— *Shui ! Shui !*

Mes hôtes éclatent de rire, saisissent ma glacière et me la rapportent pleine d'eau, ravis de pouvoir me rendre service et d'avoir compris mon chinois. Et moi donc ! Le plus jeune des deux enfants, âgé d'une douzaine d'années, m'aide à distribuer l'eau dans les gamelles. Je lui énonce le nom des chiens, qu'il répète jusqu'à ce que sa prononciation se rapproche de la mienne.

Nous entrons dans leur maisonnette, étincelante de propreté. La maîtresse de maison apporte thé, liqueur et gâteaux sur la petite table autour de laquelle nous avons pris place. Le père de famille immortalise le tableau avec son appareil photo.

Ils me servent ensuite un repas délicieux, un wok composé d'un mélange de légumes et d'aromates avec du poisson. Je me régale tout en me réchauffant. Je reprends trois fois de ce délicieux wok, ce qui ravit mes hôtes qui ont sorti les albums de photos de famille. Je feins de m'y intéresser, mais une douce torpeur m'envahit. Je donnerais cher pour m'allonger une demi-heure et fermer les yeux, ce que la maîtresse de maison devine en me voyant bâiller. De la main, elle désigne une sorte de banquette, m'invitant à m'y étendre. Je n'hésite pas, remercie et m'endors, bercé par le chuchotement de leurs conversations animées.

Lorsque j'ouvre à nouveau les yeux, je suis seul. Dehors, le soleil termine sa course, ce qui prouve que j'ai dormi au moins une heure. Les chiens ont fait de même. Ils sont tous roulés en boule, à l'exception de Dark dont la tête est posée sur le cou de Wolf et qui observe d'un œil distrait Miwong, le père de famille, en train de fendre du bois.

Je me rhabille et sors. Aussitôt, les chiens se lèvent et signifient avec agitation leur envie de repartir. Miwong insiste pour que je passe quelques heures chez eux, mais je décline l'invitation. Je dois avancer si je ne veux pas arriver trop tard à la frontière. Sa femme a préparé un sac que Miwong me tend, avec le reste du wok. Réchauffé, il fera dans quelques heures un excellent repas... J'offre un poster ; mes hôtes me regardent m'élancer en agitant les bras. Lorsque j'atteins le premier coude de la rivière, je stoppe les chiens et leur envoie un dernier salut, la main tendue vers le ciel.

— Les chiens ! Allez !

Ils plongent avec enthousiasme dans leurs harnais. Comme à moi, cet arrêt leur a fait du bien et ils n'ont plus qu'une envie, avancer, ce que nous faisons durant une bonne vingtaine de kilomètres sur une belle piste tracée par des bûcherons, évitant ainsi toutes les mauvaises zones de la rivière.

Le paysage change à mesure que nous approchons de la Mongolie. Une forêt plus aérée succède à celles, très denses, que nous avons traversées. Ici et là, de vastes zones herbeuses recouvrent quelques élévations de terrain qui s'aplanissent jusqu'à disparaître, laissant place à un territoire sans relief. La rivière dont je suis à nouveau le lit gelé sème ses méandres dans cette mer d'arbres chétifs, de buissons et de grandes plaines. Alain et Fabien y ont tracé une piste en motoneige : je m'en écarte seulement lorsque je veux éviter des zones de glace vive ou emprunter de petits bras pour couper les grandes boucles qu'ils ont suivies.

Chaque soir, à 19 heures, j'ai un rendez-vous téléphonique, par satellite, avec Fabien. Il me donne des indications vitales, car nous ne disposons pas de carte assez détaillée. Il m'indique la position des villages et celle des passages dangereux. Ce soir, il m'apprend que les services sanitaires chinois ont décidé de nous imposer un contrôle des chiens quarante-huit heures avant le franchissement de la frontière, ce que confirme Pierre. Je proteste :

— Il faut négocier, je n'ai pas la possibilité d'arriver deux jours avant la date prévue, cela signifierait plusieurs étapes de cent cinquante kilomètres... sur cette rivière, c'est impossible !

— Je vais voir ce que je peux faire, répond-il, mais nous avons déjà insisté et ils sont catégoriques.

De fait, l'administration concernée maintient sa décision. En revanche, ils viendront à ma rencontre au prochain village, dont Pierre doit vérifier la position exacte tant ma carte est imprécise. Le rendez-vous est pris pour le surlendemain, l'après-midi. L'agence avec laquelle Pierre est en relation insiste sur le fait que nous devons absolument effectuer ce contrôle, sans quoi l'autorisation de sortie ne nous sera pas délivrée. Ne voulant pas prendre le risque de renouveler le fâcheux épisode d'Amourziet, je décide de partir avant l'aube pour couvrir, dès la première journée de cette course contre la montre, le maximum de kilomètres.

Je suis furieux. Si nous l'avions su plus tôt, nous aurions pu nous organiser en conséquence plutôt qu'improviser un point de rencontre dans un village dont je ne connais pas l'emplacement et que je ne suis pas certain d'atteindre dans les temps. Pour ne rien arranger, la rivière est envahie par le *pack* !

Les boqueteaux d'arbres sont de plus en plus rares et laissent place à une frange d'aulnes, souvent bordée de joncs dont l'écorce d'or brille de mille feux dans le soleil rasant de l'hiver. Au-delà, la steppe s'étend à perte de vue. Quelques centimètres de neige recouvrent cette mer d'herbes à l'horizon de laquelle on pourrait presque deviner l'arrondi de la Terre.

Sur la rivière, le *pack* n'est pas constitué de très gros blocs, et la navigation dans ce chaos, certes désagréable et particulièrement sportive, reste néanmoins possible. Mais l'effort fourni pour sans cesse redresser le traîneau est, au bout de quelques heures, épuisant. J'ai les épaules en compote et des points de contraction douloureux dans chaque muscle. Burka, elle aussi ballottée dans tous les sens, commence à trouver le temps long !

— Courage, ma belle, courage !

Lorsque je marque une pause en milieu de journée, les chiens montrent eux aussi des signes de fatigue : même Dark se couche ! Nous nous accordons une bonne heure de repos.

Nous repartons, alors que je ne suis guère mieux. Bringuebalé dans ce chaos de glace, j'ai l'impression de traverser un champ de mines. Mais nous n'avons pas le choix : sur les berges, le faible enneigement interdit toute progression dans la steppe. Aurons-nous droit, avant la fin de ce long périple, à une rivière sur laquelle glisser tranquillement ? Je commence à en douter.

Trois heures plus tard, je ne suis plus qu'un zombie incapable de retenir le traîneau. J'ai remis Burka en tête ; elle ne boite plus, mais se laisse mener par Miwook.

J'ai dû couvrir une centaine de kilomètres quand je décide de faire halte pour la nuit, non loin d'un petit bourg regroupant des éleveurs de bovins dont nous avons plusieurs fois croisé les troupeaux sur la rivière. Après avoir installé les chiens, je monte vers ce hameau pour y acheter un peu de bois, dont j'ai besoin pour allumer le feu, faire fondre de la neige et préparer le repas. Je n'ai plus vu un arbre depuis longtemps dans cette steppe infinie. J'erre un moment dans la petite rue qui dessert les quelques fermes et finis par tomber sur un type qui me conduit à une dame, propriétaire d'un tas de bois dans lequel je pioche pour lui montrer ce dont j'ai besoin.

Dix minutes plus tard, un petit feu s'élève en face du village où personne ne m'a proposé de m'attarder. Mais je suis bien là, avec mes chiens, sous l'admirable voûte céleste.

CARNET DE VOYAGE

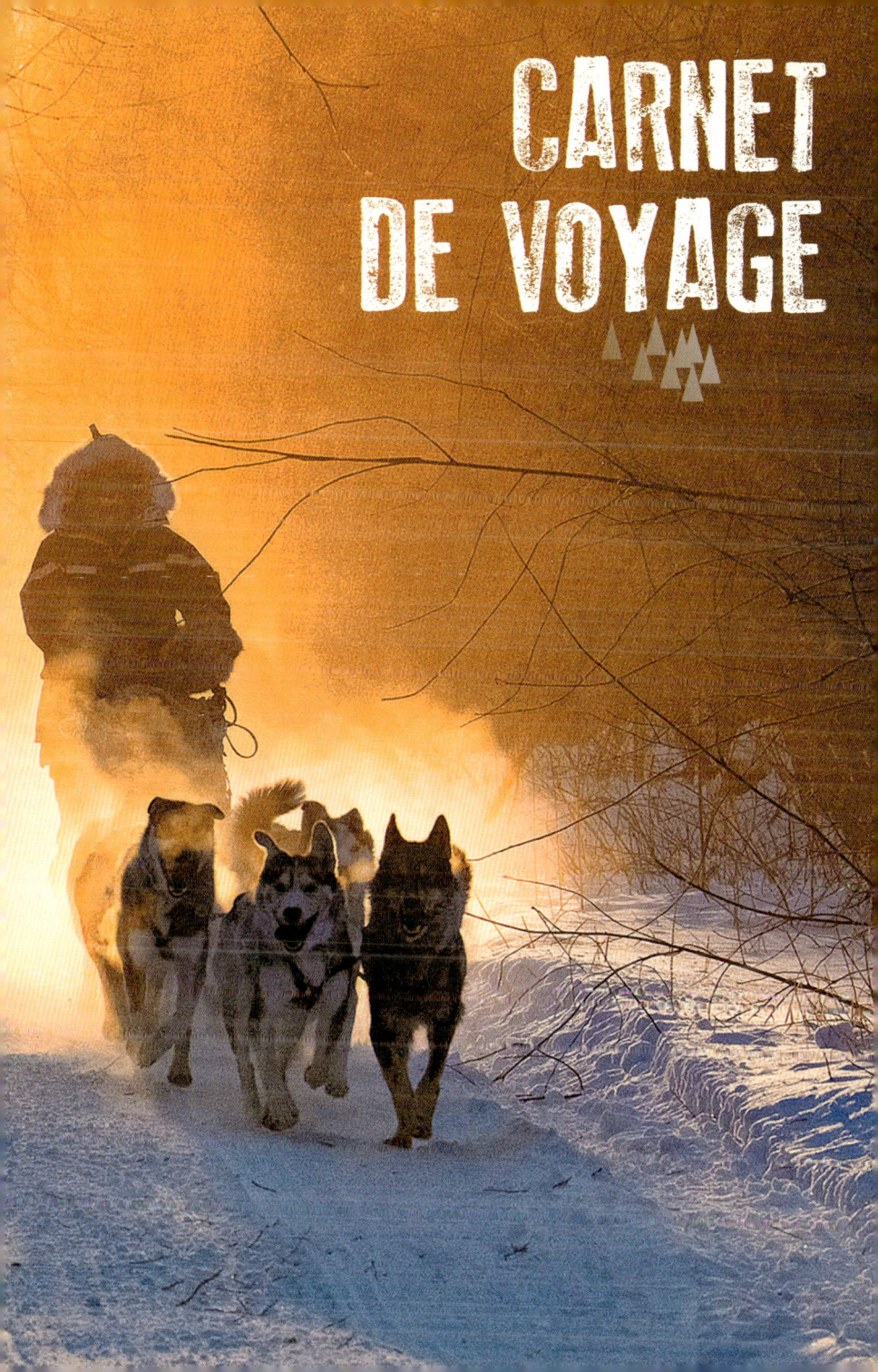

Le départ de l'Océan Pacifique dans un petit port sibérien. Nous sommes le 21 décembre 2013.

L'essentiel des kilomètres se fait sur le lit gelé des rivières, des fleuves et des lacs où l'épaisseur de la glace est variable.

Plusieurs personnes, dont beaucoup d'enfants, assistent au départ qui se fait sur les chapeaux de roue. Les chiens ont faim de course !

DÉPART

Les dix chiens qui composent l'attelage sont placés en fonction de leurs compétences.
Les chiens chargés de répondre aux ordres de direction que je donne sont placés devant alors que les chiens les plus costauds sont placés derrière.

Burka et Miwook, le binôme que j'ai placé en tête sur toute la seconde partie du voyage. Deux chiens exceptionnels qui se complètent parfaitement.

Wolf est le chef de meute. C'est le chien qui occupe hiérarchiquement la première place. Tous les chiens se soumettent à ce chef. Une meute de chiens de traîneau est organisée comme une meute de loups, avec les mêmes règles.

Pour la nuit, notamment lorsque la température dépasse -40 °C, je coupe des branches de sapins pour installer sous chacun des chiens un petit lit isolant.

Ma complicité avec Burka est totale. Cette chienne très sensible et très caline est constamment à mon écoute.

Russie

Sibérie

Lac Baïkal

Arrivée
Ile d'Olkhon

Irkoutsk

Montagne Saïan

Ulan-Ude

Kyakhta

Frontière

Batshireet

Bayan Ovoo

Mongonmorit

Oulan-Bator

Mongolie

L'Odyssée Sauvage de Nicolas Vanier

Décembre 2013 - Mars 2014

6000km, 10 chiens, 3 pays, 1 rêve

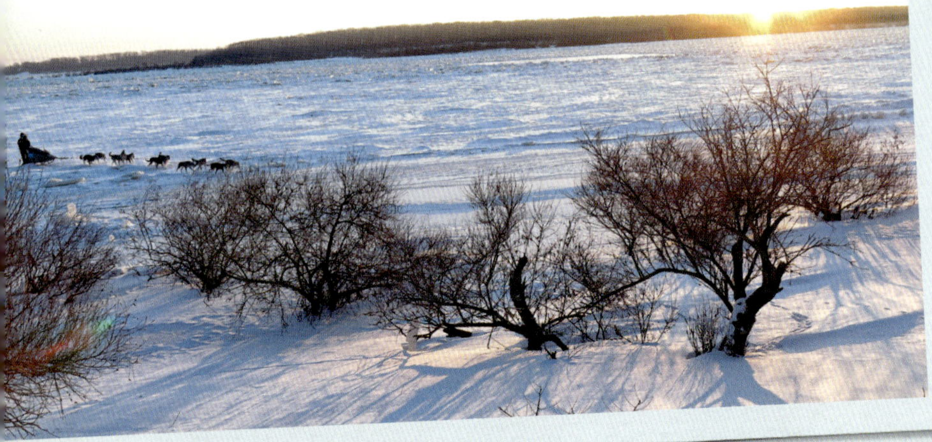
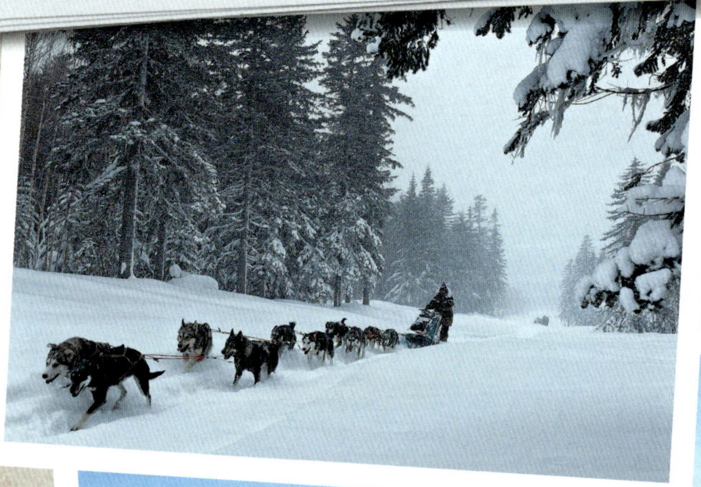
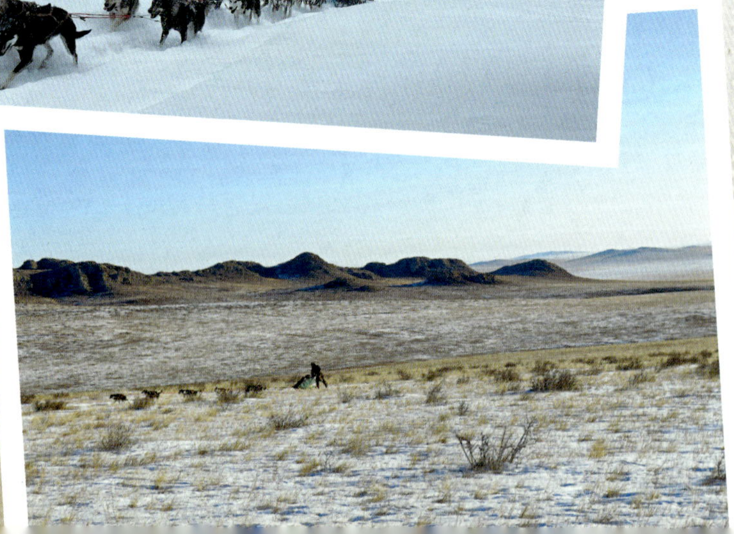

Entre la steppe mongole, les montages de Sibérie, la taïga mandchoue et le lac Baïkal, j'ai traversé avec mes chiens des paysages aussi magnifiques que variés.

En Mongolie, un cavalier vient à ma rencontre dans la steppe, comme surgi de nulle part. Il m'invite alors dans sa yourte pour partager un repas et passer la nuit.

En Mongolie, beaucoup de couleurs, que ce soit pour les maisons ou les vêtements.

Des enfants mongols observent sur une carte mon itinéraire qui traverse trois pays, dont le leur. Ils posent de nombreuses questions, souvent autour des chiens et de la France.

Les enfants sont fans des chiens dont ils s'occupent à chacune de mes étapes. Ils veulent les nourrir, leur donner à boire, leur mettre de la crème sur les pattes. De vrais et adorables petits assistants !

ARRIVÉE

L'arrivée sur le lac Baïkal, où un trappeur, voilà plus de vingt-cinq ans, m'a donné mon premier chien de traîneau. C'est l'arrière-grand-père des chiens avec lesquels je termine ce grand voyage en ce mois de mars, avec mon fils de dix ans, Côme, qui est venu effectuer la dernière semaine d'expédition avec moi.

16
▲▲▲

Je hais ce *pack*. Je n'en peux plus de ces blocs de glace qui me donnent, via mon traîneau, de véritables coups de poing dans le ventre et les jambes ! Mon corps entier n'est plus que contusions et ecchymoses.
Les chiens avancent courageusement.
— C'est bien, mes chiens ! C'est bien !
Ils donnent tout ce qu'ils peuvent pour m'aider. Je me promets de leur offrir autant de foin que je pourrai en trouver dans ce satané village qu'il me faut rejoindre d'ici la fin de l'après-midi, contrôle sanitaire oblige ! Mais encore faudrait-il que je sache où il se situe ! Si la carte est exacte (ce dont je doute), le village devrait se trouver

à une vingtaine de kilomètres de ma position actuelle. Je devrais donc l'atteindre vers 14 heures au plus tard.

À 16 heures, pas le moindre village à l'horizon, pourtant nous devrions le voir de loin dans la steppe ! Mon angoisse monte.

À 17 heures, je ne distingue toujours pas la moindre fumée dans le ciel. C'est alors qu'Emmanuel, en charge de la réalisation du film que M6 diffusera sur cette aventure, vient à ma rencontre en motoneige, porteur d'une bonne nouvelle. Alain et Fabien ont repéré un chemin permettant d'atteindre le village où nous rejoindrons Pierre et Arnaud, qui ont négocié une rencontre demain matin avec les autorités sanitaires.

La nuit tombe vite. Au loin, le village s'éclaire. Je retrouve Alain et Fabien avec plaisir, et nous nous accordons une pause autour du feu avant de repartir. J'en profite pour donner à boire et à manger aux chiens, qui l'ont bien mérité, eux qui ont vaillamment trotté neuf heures durant dans le *pack*.

Je suis toujours surpris de leur pouvoir de récupération. En l'espace d'une heure, ils recouvrent toute leur vigueur. À la lueur de ma lampe frontale, je les vois trotter à vive allure, motivés par les phares des motoneiges qui ouvrent la voie et par les lumières du village. Nous y parvenons tard dans la nuit ; les chiens vont dormir dans une belle épaisseur de foin après avoir été à nouveau bien nourris. Tout est bien qui finit bien !

Le lendemain, j'accueille les autorités avec froideur : je n'apprécie guère qu'on m'impose ce contrôle alors que nous négocions depuis des mois le passage des chiens. Apparemment de bonne foi, ils ne comprennent pas. Ils n'ont jamais imposé ce contrôle, qui pouvait se faire, m'assurent-ils, n'importe quand et surtout n'importe où ! Nous téléphonons à l'agence ayant relayé l'information auprès de Pierre – personne ne peut dire d'où est venue cette directive ! Les représentants des autorités sanitaires se confondent en excuses et effectuent le contrôle en un temps record, n'accordant qu'un bref regard aux nombreux documents attestant de l'état de santé des chiens et de leur identité. Nous nous quittons les meilleurs amis du monde.

Après une journée de repos, nous nous dirigeons vers le poste frontière. Même si les formalités à effectuer pour sortir de Chine et entrer en Mongolie sont assez longues, tout a été parfaitement orchestré entre les autorités et Olivia, qui dirige la petite structure chargée du financement, de la production et de la communication de *L'Odyssée sauvage*. Nous sommes le 26 janvier, avec un gros mois devant nous pour traverser la Mongolie du Nord.

L'itinéraire est difficile. D'abord, une longue navigation sur la rivière Herlen – en espérant que celle-ci soit praticable, bien gelée et enneigée, sans trop de *pack*. Ensuite, la traversée de la steppe mongole – en espérant cette fois qu'un peu de neige recouvrira l'herbe et les cailloux pour permettre au traîneau de glisser. Et enfin, la traversée d'une chaîne de montagnes – en misant sur des chutes de neige providentielles d'ici là, car nous savons qu'elle manque dans plusieurs secteurs.

Un peu plus de six cents kilomètres nous séparent du village de Bayan Ovoo, à partir duquel je quitterai la rivière Herlem pour effectuer, sur un axe nord-ouest, la traversée de la steppe. Nous n'avons pas réussi à collecter d'informations fiables sur l'état de cette rivière ; en revanche, nous savons avec certitude qu'il y a très peu de neige.

Les premiers kilomètres sont prometteurs : belle surface uniformément gelée, recouverte d'une couche de cinq à vingt centimètres de neige. La rivière est bordée d'une frange de joncs atteignant un mètre cinquante de haut et cachant la steppe au milieu de laquelle le cours d'eau serpente. Par endroits, cette végétation est remplacée par un entrelacs de tiges d'aulnes avec lesquelles les pêcheurs confectionnent des nasses.

Miwook, dopé par mon enthousiasme, emmène l'attelage en traçant une piste parfaite qui, tenant compte de l'épaisseur de la neige et des courbes de la rivière, résulte de choix judicieux.

Je me détends. La rivière est bonne, le temps reste idéal. Le seul souci, c'est le bois. Dans cette steppe, c'est une denrée très rare. Par chance, de loin en loin, j'aperçois sur les rives des morceaux que le courant a charriés jusqu'ici. J'en récupère quelques-uns que j'attache sur mon traîneau en prévision d'un petit feu pour la pause de la mi-journée.

Tout se passe bien durant deux heures. La rivière est parfaite et les kilomètres défilent sous l'ample foulée du trot des chiens. Puis, insensiblement, les berges du fleuve s'aplatissent ; les haies disparaissent. La neige, balayée par le vent, est tassée sur les rives contre lesquelles il nous faut maintenant progresser, tout en évitant la glace vive sur laquelle les chiens glissent. Mais nous devons à maintes reprises franchir le lit glacé pour aller chercher un peu de cette neige qui se raréfie le long des rives.

À cela s'ajoute une difficulté majeure : l'évitement des zones d'eau libre et de glaces fragiles, de plus en plus fréquentes à mesure que la rivière s'élargit. Nous profitons toutefois de rares portions enneigées et faciles, qui me laissent chaque fois croire à une amélioration durable. Malgré tout, nous avançons et affichons une centaine de kilomètres au compteur lorsque nous nous arrêtons.

Certains chiens ont aujourd'hui décroché leur « diplôme de glace » : Miwook, Burka, Happy, Kali et Wolf.

D'autres sont encore en période d'apprentissage : Dark et Kamik.

Deux, enfin, ont été recalés. Il s'agit de Kazan et de Quest, cette dernière ayant tendance à tirer de son côté, cherchant à entraîner l'attelage au plus facile, loin de la glace qu'elle déteste mais qu'il faut bien emprunter par moments. Quant à Kazan, la glace le terrorise. Il est trop crispé pour progresser, du moins pour l'instant.

Ce soir, même si j'attendais mieux de cette rivière, je suis profondément heureux. Mes chiens vont bien. Mon feu brûle clair dans le ciel piqueté d'étoiles, et demain j'irai dans cette immensité, aussi libre qu'un oiseau.

17
▲▲▲

Chaque kilomètre parcouru me rapproche du moment que j'attends avec impatience : une semaine d'expédition sur le lac Baïkal avec mon plus jeune fils, Côme, âgé de dix ans. Au dernier village, j'ai pu joindre ma famille, parler à ma femme et mes enfants. À Côme, j'ai expliqué ce que nous allions faire, comment nous nous organiserions sur le traîneau, lui debout sur les patins, protégé entre mes bras, contre le guidon de notre bateau des neiges, d'où il pourra diriger les chiens avec moi. Que de souvenirs extraordinaires nous allons amasser ensemble ! Je laisse ma mémoire vagabonder, revivre ceux que j'ai bâtis avec Diane, Loup et Montaine en Laponie, en Sibérie, au Canada et ailleurs. Ma famille est un pivot sans lequel je n'aurais jamais pu réaliser mes rêves – rêves que j'ai, le plus souvent possible, partagés avec elle.

Un mois et demi et plus de deux mille kilomètres me séparent encore de Côme et du lac Baïkal, que je voudrais atteindre avant le 15 mars. Après cette date, le lac gelé, attaqué par le soleil qui monte de plus en plus haut dans le ciel printanier, se lézarde de grandes crevasses très dangereuses. Certains prédisent un hiver durable, censé compenser l'incroyable et inhabituelle douceur de la fin de l'automne. Mais je refuse de prendre le moindre risque. Car j'aurai sur mon traîneau le plus inestimable des trésors, l'un de mes enfants.

Burka me déçoit. Elle lâche prise, laissant les responsabilités à Miwook. Cette situation lui convient, la décharge d'un poids qu'elle ne semblait, pourtant, pas porter avec peine. À la voir ainsi, je me pose de nombreuses questions sur mes erreurs de jugement… Ce qui motive les réactions des chiens ne relève pas d'une science exacte et c'est ce qui en fait tout l'intérêt. Je connais suffisamment mes chiens pour savoir s'ils sont heureux, vexés, en mal d'affection, énervés, joueurs… Je compose avec leurs humeurs, essayant d'obtenir le meilleur de chacun d'entre eux, mais aussi de l'attelage, car rassembler de bons joueurs ne suffit pas à former une belle équipe.

Encore faut-il savoir créer un lien et maintenir une bonne ambiance, sans oublier certaines règles que chacun doit comprendre et respecter.

Nous sommes partis depuis une heure à peine, mais je dois déjà m'arrêter pour vérifier l'état des coussinets des chiens, car la glace est mauvaise et la neige abrasive. Je pose immédiatement une vingtaine de bottines. Nous repartons au galop. J'aime cette musique des patins glissant sur la neige dure, puis sur la glace. Elle chante à mes oreilles comme celle qui accompagne le marin en plein océan, celle de la coque du bateau fendant l'eau et du vent sifflant dans les drisses. Les notes qui composent cette musique me fournissent de précieuses informations sur l'état de la glace, son épaisseur, sa granulosité, les dangers qu'elle peut receler. Autant de données qui guident mes choix sur la route à suivre.

— *Djee !* Oui, devant ! Devant !

Miwook comprend ce que je vise : la berge en face et cette étroite langue de neige qui court le long de la rive. Il s'y dirige tout en douceur. Burka a saisi la manœuvre et l'accompagne dans un mouvement harmonieux.

Soudain, au détour d'un méandre verglacé, les chiens accélèrent avec fougue. Quelques secondes plus tard, un cavalier surgit et vient à notre rencontre. Il a fière allure, avec sa robe rouge, le ruban noir ceinturant sa taille sous lequel brille la lame d'un poignard, ses guêtres en cuir et sa toque de fourrure. Il me fait signe de le suivre, et j'obéis bien volontiers, d'autant qu'il galope à vive allure, traçant une piste parfaite sur laquelle les chiens se régalent. Le spectacle de cette course de l'attelage aux trousses de ce fier Mongol à cheval doit être superbe. Le martèlement des sabots frappant la glace scande une musique presque martiale ! Cette image rejoint celle de mes rêves...

Une yourte apparaît, puis une autre... Des enfants courent vers nous. Je vois briller dans leurs yeux toute la joie que leur procure cette rencontre inattendue. Le cavalier qui m'a « ramené » comme un trophée en tire une fierté qu'il tente de dissimuler, sans succès. Les yourtes se vident de leurs occupants. Les enfants s'approchent, les femmes restent en retrait, les hommes m'aident, curieux de tout, des chiens, du traîneau qu'ils étudient sous toutes ses coutures, de mes vêtements, de mon matériel. Les enfants respirent la joie de vivre. Le son cristallin de leurs rires m'enchante. Ici, ils jouissent d'une totale liberté : dès l'âge de six ans, ils ont leur propre cheval et s'en vont en bande galoper dans la steppe. Dire qu'ils montent bien est inapproprié. Ils sont comme le prolongement de leur cheval.

Une fois les chiens nourris, soignés et confortablement installés, je suis invité dans l'une des deux yourtes. À l'intérieur, tout est rangé, propre et très soigneusement décoré. La femme de mon hôte verse dans un bol un breuvage chaud, délicieux mélange de lait et de thé sucré, et je suis invité à piocher dans un plat dans lequel mijote un ragoût de mouton. On communique comme on peut, avec des rires et des signes. Il fait bon, et la fatigue de la piste pèse soudain. Je rêve de pouvoir m'assoupir un moment, mais je dois répondre aux sollicitations des uns et des autres. Everick, le cavalier qui m'a rejoint sur la rivière, insiste pour que je passe la nuit ici, au chaud. Je vois bien que les arguments que je lui donne pour justifier mon départ le déconcertent. Nous n'avons pas la même notion du temps. À quelle sorte d'impératif un voyageur comme moi doit-il donc se plier pour ne pas vouloir « perdre » une demi-journée de voyage ?

J'offre quelques posters qui font des heureux et je prépare les chiens, aidé par les enfants qui veulent tout partager et tout comprendre. Cinq cavaliers m'accompagnent quelques kilomètres, galopant à ma hauteur sur la berge de la rivière dont la largeur augmente alors que les conditions de glace se détériorent. Pourrai-je la suivre encore longtemps ? J'en doute... D'autant que du sable, porté par le vent, recouvre maintenant la glace. Il raye les lisses, mais surtout risque d'abîmer les coussinets des chiens. Avec une ancre désormais inefficace, je dois, pour l'immobiliser, coucher le traîneau sur la glace afin de bottiner tous les chiens, et quarante pattes... ça prend un bon quart d'heure ! Au moment de repartir, les chiens m'arrachent le traîneau des mains alors qu'il est en équilibre sur un seul patin ; je tombe lourdement sur la glace vive. Le temps de me relever en hurlant, ils sont déjà loin et disparaissent à la vitesse d'un cheval au galop.

Je suis aussi inquiet que vexé. Sans conducteur, l'attelage peut glisser dans un trou d'eau libre, en embarquant les chiens. Il peut également les percuter. Sans discipline, les chiens s'emmêlent fréquemment dans leurs traits qui, s'ils se retendent de manière brutale, exercent une traction pouvant briser une patte ou provoquer un déchirement musculaire. Je cours pendant quelques minutes, mais le froid glacial bloque ma respiration. Il reste trois heures de jour et je dois envisager l'éventualité d'une nuit près d'un petit feu, sans sac de couchage et sans repas ! Je sais que les chiens peuvent continuer des heures sans s'arrêter, jusqu'à ce qu'un obstacle bloque le traîneau...

À pied, je mesure combien les distances sont grandes d'une boucle de la rivière à une autre. J'ai la désagréable impression de ne pas avancer. Je marche depuis un bon quart d'heure lorsqu'un son étouffé par la distance, mais que je reconnaîtrais entre mille, me parvient : l'aboiement de Dark ! Quand je pense que je passe ma vie à lui demander de se taire ! Là, c'est pour moi le plus mélodieux des sons !

Je me remets à courir, visant un fourré de végétation au-delà duquel j'aperçois des vaches. Ce sont elles qui ont attiré mes chiens et mis fin à cette folle poursuite.

Pourvu qu'ils aillent bien !

Lorsque je parviens enfin à entrer dans les buissons, je distingue un tas de chiens saucissonnés dans des cordes emmêlées. Je vais à toute vitesse de l'un à l'autre, au bord des larmes...

— Mes chiens ! Mes petits chiens !

Ils vont tous bien. Si heureux de me voir qu'ils s'accrochent à moi, me mordillent, me lèchent alors que, penché sur eux, je démêle les traits.

— Mon Miwook ! Mon Unik !

On dirait que nous avons été séparés durant des jours. Burka me regarde, désolée, comme si elle était responsable de ce qui vient de se produire.

— Tout va bien, ma Burka ! Tout va bien ! On va ranger tout ça !

Elle se blottit contre ma poitrine, exprimant son besoin d'être rassurée et caressée. Je comprends son angoisse. Aux commandes de ce bateau sans gouvernail, elle a accumulé du stress qu'il faut évacuer avec un gros et long câlin que je lui accorde avec plaisir.

Je ne sais d'ailleurs pas, de nous deux, à qui ce câlin fait le plus de bien !

18
▲▲▲

Mes chiens vont bien, très bien même si j'en juge par l'allure qu'ils ont adoptée. En revanche, la rivière va mal. Nous entrons dans une zone de hauts fonds, et la glace suit les ondulations de ce lit tourmenté, se cassant sur les cailloux et libérant l'eau libre : autant de pièges entre lesquels il faut slalomer. Lorsqu'il reste un peu de neige, elle est mélangée à du sable, de la terre et des cailloux charriés par le vent. Trouver une route devient impossible, et mes deux chiens de tête, Miwook et Burka, vont devenir fous à force d'entendre ordres et contrordres.

Derrière un coude qui me force à prendre un virage brusque, je vois trop tard une forte pente gelée au milieu de laquelle une grande crevasse s'ouvre, béante.

— *Yaaaaaaap !*

Oui, trop tard ! Les chiens n'ont ni le temps ni le champ nécessaire pour virer franchement. Le traîneau glisse jusqu'à la crevasse sans que je puisse le freiner. Avec l'élan, nous aurions presque pu la franchir, mais le patin heurte le rebord de la fissure ; je suis éjecté. Je retombe quelques mètres plus loin, tout mon poids se portant sur mon coude et mon épaule, qui cognent la glace avec un bruit sourd. Le traîneau est resté coincé dans la crevasse, retenant Dark et Wolf en équilibre au bord de celle-ci. Les chiens gémissent, impuissants à se dégager. Je me relève tant bien que mal en me tenant le coude. Je sens la chaleur humide du sang qui coule sur mon bras. Je relève la manche de ma veste, inquiet, mais constate qu'il ne s'agit que d'une légère entaille ne nécessitant même pas de points de suture. En revanche, l'articulation me fait souffrir et j'ai toutes les peines du monde à dégager le traîneau.

— C'est bien, les chiens ! On va se garer et faire un break !

Je décide de monter un camp dès que j'aurai trouvé quelques morceaux de bois.

Un campement de yourtes ! Je ne pouvais mieux tomber. Déjà les enfants courent vers moi. Les chiens n'ont pas attendu mon ordre pour bifurquer vers la berge, sur une sorte de sentier creusé par les animaux qui viennent boire dans un abreuvoir en bois encastré dans la glace. Je débarque au milieu des trois yourtes en criant haut et fort l'ordre d'arrêt afin de bien faire comprendre aux chiens que nous ne sommes pas ici pour chasser l'un des animaux présents : que ce soit une chèvre, un mouton ou une vache...

L'adolescent le plus proche de moi, à qui je fais signe de venir se mettre debout sur le frein, s'exécute, ravi et hilare. Je lui confie le traîneau et remonte la ligne jusqu'aux chiens de tête pour les conduire, par le collier, vers l'endroit que j'ai repéré, où ils pourront passer une nuit confortable. Le jeune Mongol est enchanté de conduire l'attelage sur une vingtaine de mètres. Tout ce que le camp compte d'occupants s'empresse aussitôt de me donner un coup de main pour ôter les harnais, nourrir les chiens, vider mon traîneau... Je montre aux enfants les grandes herbes qui dépassent de la neige au bord de la rivière et mime le geste de couper, puis celui d'en faire un lit pour les chiens. Les gamins s'y mettent immédiatement. Pendant ce temps, j'accompagne l'un des hommes du clan jusqu'au trou d'eau creusé dans la rivière gelée pour rapporter de quoi abreuver les chiens. Lorsque nous revenons avec deux grands récipients pleins, j'éclate de rire. Les enfants ont déjà monté sous les quatre premiers chiens, très contents, l'équivalent d'une meule de foin. Ils sont très organisés. Cinq enfants coupent l'herbe, deux autres la rapportent à cheval et c'est à deux adorables petites filles d'environ sept ou huit ans que revient le privilège de préparer la litière des chiens. Le camp n'est que rires et sourires. Il y a quatre yourtes et je dois aller boire et manger dans chacune d'elles. Le maître des lieux m'explique que ce soir est un jour très spécial dans le calendrier : une lune noire, appelée « Bituun » qui signifie « pleine obscurité ». Demain, avec le premier quartier de la nouvelle lune, commenceront les réjouissances liées au nouvel an mongol. Ces festivités marquent la fin de l'hiver et surtout l'entrée dans un nouveau cycle. Elles induisent aussi un changement dans les habitudes alimentaires, la consommation des aliments blancs (produits laitiers) remplaçant les aliments gris (viande) de l'hiver. On essaie de résoudre les problèmes personnels, d'acquitter les dettes, afin de commencer une nouvelle année sur de bonnes bases. La maison est rangée, nettoyée. Les Mongols assortissent les jolis costumes et les bijoux qu'ils porteront le jour de l'an.

Ce soir est la veille du Nouvel An : il faut, m'assurent mes hôtes, manger jusqu'à ce que je ne puisse plus rien avaler car, d'après leur tradition, si l'on a faim ce jour-là, on aura faim toute l'année ! Demain, tout le monde se lèvera tôt et s'habillera de ses plus beaux vêtements. J'en vois de magnifiques, très colorés, décorés de perles, de bijoux en cuivre et en argent. Puis on échangera des vœux et des cadeaux accompagnés d'un *Khadag*, une fine écharpe de soie colorée qui symbolise longévité et prospérité. Je comprends que pendant les trois jours que durera cette fête, je rencontrerai beaucoup de cavaliers dans la steppe : ils iront de yourte en yourte visiter les amis et la famille. Partout le visiteur, quel qu'il soit, est accueilli avec des *Buudz*, raviolis de mouton cuits à la vapeur, et de l'*Aïrag*, du lait de jument fermenté.

Comment rater cela ? Je demande, par gestes :

— Puis-je séjourner un jour de plus ? Mes chiens se reposeraient et je partagerais cette fête avec vous ?

Un hourra collectif me répond.

Après une nuit réparatrice, je me lève aux aurores pour soigner les chiens. Vers 6 heures du matin, les premiers nomades sortent des yourtes. Ils font leurs ablutions avec un peu d'eau tiède recueillie dans le grand récipient disposé sur une sorte de poêle constitué de pièces de métal et de pierres, qui conserve la chaleur une bonne partie de la nuit. Au lever du soleil, une lumière pourpre coule sur la steppe, illuminant les étoffes chatoyantes des costumes traditionnels colorés que les nomades portent en ce jour de fête.

Au loin, une harde de chevaux broute l'herbe qui dépasse de la fine couche de neige. L'un des nomades me fait comprendre qu'il va chercher des bêtes et me propose de l'accompagner. Il harnache rapidement l'un des chevaux restés à l'attache cette nuit autour de la yourte et nous partons au grand galop en direction d'un troupeau de vaches qu'il faut rassembler. Nous rentrons au camp en poussant les bêtes devant nous, aidés par l'un des chiens qui fait mine de mordre les jarrets des récalcitrantes.

Mon compagnon est magnifique dans sa longue tunique rouge ceinturée d'un large ruban bleu ciel. Chaussé d'une paire de bottes en cuir décorées d'étoiles de cuivre, coiffé d'une superbe toque de renard argenté, le jeune nomade semble tout droit sorti d'un film contant l'histoire de Gengis Khan, fondateur du plus grand empire de tous les temps et dont on trouve, partout en Mongolie, des statues, tableaux ou portraits.

Invité dans la yourte principale, je suis stupéfié par le soin apporté à la présentation de la nourriture. C'est aussi beau et recherché que les costumes dont sont vêtues les femmes. Toutes, de la plus jeune des filles jusqu'à son arrière-grand-mère, portent des tenues bariolées dont les reflets et bruissements contribuent à la joyeuse atmosphère qui règne dans la yourte.

Je bois avec délectation un grand bol de lait et de thé, mais boude l'alcool et la viande qu'on me propose, ce qui surprend au plus haut point mes hôtes. Je fais diversion en mitraillant les uns et les autres avec mon appareil photo et en leur montrant le résultat sur l'écran digital.

J'ai réussi, grâce au téléphone satellite, à joindre Pierre et Arnaud, à qui j'ai donné ma position GPS. Je leur ai expliqué que je ne pouvais pas continuer sur cette rivière et qu'il fallait trouver un itinéraire bis, un de plus... Après de longs détours et quelques frayeurs lors du franchissement de quelques ravines et dévers, mes amis parviennent enfin jusqu'au camp – avec une mauvaise nouvelle. Sur la steppe aussi, la neige fait défaut.

— Tu as un peu de neige sur les premiers cinquante kilomètres, puis un chemin sablonneux partiellement comblé, mais ensuite on rejoint une immense plaine où le vent a pratiquement tout soufflé, explique Arnaud.

— Et comment est le sol ? Beaucoup de cailloux ?

Pierre et Arnaud échangent un regard.

— Difficile à dire… On n'a pas forcément regardé partout.

Comme ils disposent d'un véhicule, nous partons en reconnaissance sur une vingtaine de kilomètres. Je finis par trancher :

— Le traîneau devrait bien glisser sur ce mélange d'herbe et de neige et je vois assez peu de cailloux. Ce sera toujours meilleur que la rivière ! Je vais tenter le coup demain.

19

Au petit matin, tout le clan m'aide à atteler les chiens, à ranger mes affaires dans mon traîneau – dans lequel un sac rempli de viandes séchées, de gâteaux et de galettes de pain a été placé sans que je puisse m'y opposer. Nous nous étreignons longuement, conscients que nous ne nous reverrons sans doute jamais mais heureux des moments partagés. Invité à visiter tous les clans voisins, je ne vais pas souvent dormir dehors durant les prochains jours !

Les chiens démarrent en trombe. Je me retourne et salue mes amis une dernière fois. Le traîneau avance avec un joli sifflement, provenant du frottement de l'herbe qui se couche sous les lisses. Les tiges, d'une hauteur de cinq à vingt centimètres, dissimulent souvent la neige. Nous glissons sur ce mélange d'herbes, de neige et de sable avec une facilité que je n'imaginais pas.

Je vais ainsi un bon quart d'heure puis stoppe, m'inquiétant de ces herbes hautes qui risquent de se coincer entre les phalanges des chiens, d'irriter ou même de couper la peau. Ces derniers, furieux d'être stoppés dans leur course, me le font savoir bruyamment. Comme l'ancre ne tient pas dans ce sol meuble, j'ai couché le traîneau – que Dark et Wolf parviennent à arracher à eux seuls.

— Daaaaaaark ! Wooooolf ! Non !

Au cours des vingt minutes qu'il me faut pour équiper de bottines les quarante pattes, je réitère mes menaces plusieurs fois. La tâche consistant à mettre ces chaussons à des chiens excités est des plus pénibles, et c'est avec soulagement que je redresse le traîneau pour repartir.

Trois heures de galop, sans pause. Je suis aux anges. Jamais je n'aurais imaginé que nous puissions glisser aussi vite, aussi bien dans la steppe. Et dire que j'hésitais à quitter la rivière !

J'imaginais la steppe monotone. Il n'en est rien. Cette mer d'herbe infinie dévoile sa beauté au fil des heures, dans un nuancier de teintes qui semble inépuisable. Et le plaisir que les chiens prennent à courir me galvanise ; je leur offre cette course dont ils ont tant besoin.

Le vent est la grande menace de la steppe. Je n'aimerais pas que Kaze, le dieu du Vent, si redouté ici, nous surprenne dans ce paysage sans relief, sans ravine, sans aucun abri. Il nous faudrait alors vite trouver une yourte, étudiée pour que le vent coule autour de sa structure lourde, ronde et basse.

Mais le soleil brille : une belle journée froide et sans vent. Et nous filons. Plus de cent vingt kilomètres dans la journée ! Les chiens ont apprécié autant que moi. Je ne me lasse pas de contempler les splendeurs de cette immensité habitée de gazelles sauvages. De loin en loin, nous croisons de grandes hardes de chevaux en semi-liberté qui galopent à notre rencontre pour mieux évaluer et défier l'ennemi que nous représentons. L'étalon, en tête, mène son harem. Le groupe galope un moment à notre hauteur, nous jauge, puis s'éloigne. Les chiens se prennent au jeu, rivalisant de vitesse avec les chevaux.

Les gazelles à queue blanche de Mongolie vivent en hardes qui peuvent dépasser plusieurs centaines de têtes. D'une extrême vivacité, elles sont capables de réaliser des bonds impressionnants et leur vitesse peut atteindre soixante kilomètres à l'heure. Les Mongols les chassent encore en les poursuivant à cheval. Ils lancent sur elles une corde dont les deux extrémités terminées par des pierres viennent s'entortiller autour de leurs pattes. Même si l'on en croise des milliers, leur nombre diminue car elles se retrouvent en concurrence avec les quarante millions de têtes de bétail qui se nourrissent de la même herbe.

À partir de 16 heures, je commence à scruter la steppe à la recherche du point blanc d'une yourte lorsque quatre adolescents au visage avenant viennent à ma rencontre et me font signe de les suivre. Nous collons au rythme des chevaux lancés au grand trot. Une bonne demi-heure s'est écoulée quand j'aperçois enfin au loin quelques yourtes, promesse d'un abri, de chaleur, de nourriture et de convivialité.

Mais, comme d'habitude, je ne peux pas obtenir d'informations fiables. L'un de mes hôtes m'affirme que je dois infléchir ma route vers l'ouest pour éviter une zone caillouteuse, un autre me certifie que je dois m'orienter à l'est pour éviter le même problème, et le troisième me convainc presque d'aller tout droit, afin de me faufiler entre deux mauvaises zones situées, selon lui, à l'est et à l'ouest de ma route. Dans le doute, je décide de maintenir le cap, droit vers le village de Bayan Adarga à partir duquel je retrouverai des arbres et du relief, donc de la neige. Entre l'endroit où je suis et Bayan Adarga, il existe un petit village que je peux situer précisément avec mon GPS. La seule inconnue, c'est la possibilité de zones sans herbe, caillouteuses et sans neige, où je ne pourrais plus avancer.

Devant moi, une fois de plus, c'est l'inconnu. Où vais-je dormir ce soir ? Dehors ou dans une yourte ? Qui allons-nous rencontrer ? Le vent se lèvera-t-il ? Mais finalement, n'est-ce pas ce que je viens chercher ici ? Ne pas savoir de quoi seront faits ma journée, ni mes lendemains ? Laisser à l'environnement, au ciel, aux chiens, le soin de m'imposer un rythme et une route...

Comme l'a dit le formidable explorateur Danois Knud Rasmussen : « Donnez-moi des chiens. Donnez-moi l'hiver et vous pouvez garder tout le reste ! »

20
▲▲▲

Nous fendons deux jours durant la mer d'herbes vers l'horizon doré. À l'image des vagues, les hautes herbes ondulent, caressant ma taille ; les chiens disparaissent presque dans cette masse végétale. J'admire tour à tour le paysage et la course de mes compagnons de route. Ils vont bien, en ligne, dans le même rythme, même si certains, tels Kamik, Quest ou Kazan, ont plus de mal à suivre la cadence de mes marathoniens, Happy, Kali, Unik, Miwook ou Burka. Devant le traîneau, Dark en a pour ses croquettes ! À l'heure de la pause, il se couche enfin et se repose !

Une fois les chiens endormis, je m'allonge sur mon traîneau, le visage tourné vers le soleil, et je ferme les yeux, à l'écoute de l'incroyable silence de la steppe. Celui-ci m'envahit. Parfois me parviennent le cri d'un rapace ou bien le jappement d'un renard. Plus subtils, le chuintement de la brise qui court dans les herbes ou la respiration d'un chien assoupi. Bercé par la musique de l'immense silence, je m'endors et me réveille environ une demi-heure plus tard, aussi en forme que les chiens, qui sautent sur leurs pattes et expriment bruyamment leur envie de reprendre la mer. Ces marins-là sont infatigables.

Les cavaliers croisés dans la steppe ont rendu compte de ma progression et une autre fête se prépare. Tous les habitants du village, deux ou trois cents personnes, sont vêtus de leurs habits traditionnels, dont de grandes toques en fourrure et de magnifiques bottes de cuir. De nombreux enfants et des adultes, à cheval, galopent dans les rues et se mesurent dans des courses improvisées.

Un cortège de chevaux et d'enfants m'accompagne jusqu'à la maison que les autorités locales ont mise à la disposition de Pierre et d'Arnaud. Les chiens disposent d'un jardin clos où ils vont pouvoir se reposer tranquillement, à l'abri du vent. En quelques minutes, les enfants vont chercher ce qui me manque : du foin pour les chiens, de l'eau, un jeu de vis et d'écrous pour réparer mon frein, une pièce de cuir pour recoudre un gant déchiré...

Puis c'est le défilé. Ceux qui n'ont pas assisté à mon arrivée viennent me voir, se font photographier avec les chiens, essaient mon traîneau en montant sur les patins et faisant jouer le frein qu'ils m'aident à réparer. Une femme nous apporte un plat de viande garni de légumes ; une autre, un pain, des gâteaux. Nous sommes reçus comme des rois.

Une fois les chiens bien installés, nourris, soignés, les pattes graissées et les muscles massés, je pars billebauder dans le village, armé de mon appareil photo, heureux d'immortaliser cet arc-en-ciel de couleurs que m'offrent les habitants.

Au petit matin, lorsque je quitte le village endormi, le froid pique et un vent faible se lève. Très vite, le chemin que nous suivons se sépare en de multiples branches qui se rejoignent, puis s'éloignent. Dans ces paysages, il n'existe aucune route. Chacun trace son chemin. Pour aller d'un village à un autre, les chauffeurs empruntent l'itinéraire le plus court. Sur plusieurs centaines de mètres s'échelonnent de multiples pistes parallèles qui visent toutes le village suivant, à deux cents kilomètres de là.

Afin d'économiser les piles de mon GPS, j'utilise ma bonne vieille boussole. Je l'ai toujours sur moi, ainsi que deux petits sacs étanches dans lesquels se trouvent une bougie, un grattoir et quelques allumettes. De quoi me sauver la vie ! J'en ai plusieurs fois fait l'expérience, notamment lorsque je suis tombé au travers de la glace au nord de la Sibérie par $-45\,°C$...

Dans la steppe, je sens partout la présence du vent ; il semble me surveiller : me laissera-t-il passer ? Il souffle d'abord juste assez pour coucher l'herbe, puis par rafales, et se met à gifler la steppe sans défense.

J'aime le froid. Je déteste le vent. Mais surtout ne pas le lui dire pour ne pas éveiller sa colère...

Tout le jour, il sévit. Je courbe l'échine. Plus que cent cinquante kilomètres et nous atteindrons la montagne, les arbres. Alors le vent pourra souffler tant qu'il veut. Du fond de la forêt protectrice, je l'écouterai hurler dans les branches. Mais nous en sommes encore loin !

— Allez, les chiens ! Allez !

Filons. Filons jusqu'à la forêt !

En fin de journée, le paysage devient plus vallonné. Les chiens absorbent ces petits dénivelés d'un haussement d'épaule. C'est tout juste s'ils me laissent mettre pied à terre pour les aider en patinant un peu. « Laisse faire ! Laisse faire ! semblent-ils me dire, garde des forces pour les vraies montagnes ! »

— C'est bien, mes petits chiens ! C'est bien, mon Miwook. Bien, Burka...

Chacun leur tour, ils se retournent, l'air réjoui.

— C'est bien, ma Quest.

Un léger frémissement m'avertit qu'elle a bien entendu, mais Quest ne s'abaissera pas à se retourner.

— C'est bien, Wolf ! C'est bien, Happy ! Bien, Kali !

Peu sûr de lui, brimé par les autres qui le dominent, Kali a besoin d'amour et je lui en donne.

Qu'ai-je fait au dieu du Vent ?

Il ne m'a pas laissé passer. Il s'est levé au milieu de la nuit, alors que j'avais fait halte dans l'un de ces minuscules villages qui sont comme des relais de voyageurs dans cette immensité. Et il souffle déjà à plus de soixante kilomètres à l'heure, ce qui annonce probablement un changement de temps pour la nuit prochaine.

J'hésite, mais je sais au fond de moi que l'envie de partir sera plus forte que la voix de la raison m'invitant à attendre que le vent se calme. Là-bas, il y a les arbres, les montagnes, un village, mes amis qui m'attendent et les chiens qui ont envie de courir.

Alors je pars.

Erreur.

21
▲▲▲

Pour contourner le relief naissant, le chemin qui mène à Bayan Adarga prend la direction de l'ouest pendant quelques kilomètres avant de s'orienter plein nord. C'est ici que le vent me fauche littéralement lorsque nous débouchons dans le creux d'une large vallée. Les chiens encaissent en courant de biais, la tête penchée sur le côté. Pour les aider, je m'accroupis, mais les rafales sont parfois si fortes que nous ralentissons jusqu'à nous immobiliser. Alors je pousse et j'encourage :

— Allez, les chiens ! Allez !

Vaillamment, ils repartent comme des boxeurs au combat. Une bagarre terrible avec un vent qui nous assène des claques monumentales. Quatre-vingts kilomètres me séparent encore du village. Comment l'atteindre dans ces conditions ? Mais pas question de rester là, au milieu de rien, dans ce vent qui siffle et se moque de nous. Je l'entends rire...

Entre deux bourrasques, les chiens retrouvent un rythme lent mais efficace que le vent casse aussitôt d'une rafale bien ajustée. Alors on encaisse et on repart, en garde, car nous savons qu'un autre coup se prépare.

Encore soixante-seize kilomètres...

Encore soixante et onze kilomètres...

Dès que le vent se calme un peu, les chiens expriment l'envie de se battre encore, comme s'ils avaient deviné qu'il y a, là-bas, des arbres, un village, du foin qui les attendent.

Je n'arrive pas à me tenir droit : le vent m'arrache ma capuche et me pique le visage. J'ai la sensation d'être flagellé par un millier de petits glaçons. J'encourage les chiens du mieux que je peux.

— C'est bien, mes petits chiens, c'est bien !

Je n'aurais jamais imaginé qu'ils puissent continuer de tirer avec un vent pareil !

J'ai toutes les peines du monde à retenir le guidon. Je reste accroupi afin d'offrir le minimum de prise au vent, mais la position est extrêmement inconfortable et les crampes s'installent vite, douloureuses.

Enfin, nous bifurquons dans une autre vallée, où je trouve un endroit un peu abrité du vent. Je fais un trou à la hache dans le ruisseau gelé pour abreuver les chiens et je leur distribue une poignée de croquettes.

Il reste quarante-cinq kilomètres. Au mieux, si le vent ne forcit pas, quatre ou cinq heures de progression. Je vais voir les chiens un à un. Je leur dis que d'ici quelques heures nous pourrions atteindre le village, un endroit sans vent, avec du foin et la perspective d'une journée de repos. Ils comprennent à l'intonation de ma voix qu'il faut encore se battre. Cette musique des mots les rassure. Elle entretient leur courage.

Nous repartons. Le vent, mêlé de sable, me ponce le visage. Je porte, pour m'en protéger, un masque de ski et regrette vivement de ne pouvoir en équiper les chiens. Je n'en peux plus. J'arrive au bout de mes forces, les chiens aussi. Allons-nous devoir camper à vingt kilomètres du village ? Voilà onze heures que nous combattons…

Et soudain, au loin, j'aperçois la cime de quelques pins.

— Des arbres !

Les chiens ont compris au ton de ma voix qu'il se passait quelque chose d'heureux et accélèrent instantanément.

— Oui, les chiens ! Des arbres ! Terre… TERRE !

Je suis le marin qui aperçoit enfin la côte et mes moussaillons participent à la joie du capitaine. Il faut les voir griffer la neige, la tête penchée vers le sol, le trait tendu comme une corde de violon...

Je suis certain que les chiens ont perçu les odeurs de la forêt proche. Ils savent que nous sommes bientôt arrivés. Devant, Miwook et Burka, plus exposés que les autres au vent et à la poussière, redoublent de vigueur. Je suis si fier de mes chiens... aujourd'hui encore plus que d'habitude, ce qui n'est pas peu dire !

— C'est bien, ma Burka. Bien, mon Miwook. On y est, les chiens !

Plus que dix kilomètres et la forêt toute proche. Une magnifique forêt de grands pins centenaires. Mon envie d'allumer un grand feu, de m'y réchauffer le corps et le cœur est presque irrésistible. Mais le village est proche, promesse d'abri, de chaleur, d'eau et de nourriture.

Le village de Bayan Adarga est un petit bijou. Tout en bois, l'encadrement des fenêtres peint de couleurs vives et les maisons joliment distribuées autour de quelques rues bien entretenues.

Vidé de mes forces, j'ai l'impression d'être un vieillard perclus de rhumatismes. Je souffre aussi d'une jambe, un ligament sans doute trop longtemps sollicité lorsque, courbé, je tentais de contrer la force du vent.

— Tu as une sale tête, s'inquiète Alain.

Les chiens sont choyés comme ils le méritent. Quel bonheur de les voir grogner de plaisir en se lovant dans leur niche de foin ! Quel plaisir de les voir manger et boire tout leur saoul et, surtout, de savoir que cela durera, car demain c'est repos ! Chaque chien a eu droit à un massage et à quelques gouttes de collyre pour nettoyer leurs yeux irrités par le sable et la poussière.

Mon corps réclame une trêve. Je m'allonge avec un soupir de contentement tel qu'il réveillerait un grizzly en train d'hiberner ! Le vent souffle encore dans mes oreilles lorsque je ferme les yeux, se confondant avec le ronflement du poêle qui fait régner une douce chaleur dans cette petite isba bien calfeutrée.

Le vent tombe dans la nuit, mais le ciel est toujours aussi clair et le soleil généreux. Je m'installe auprès des chiens sur une belle épaisseur de foin et, comme eux, m'offre une bonne sieste.

L'après-midi est consacré à reconnaître le reste du parcours. Pour rejoindre Mongonmorit, deux options s'offrent à moi : suivre le lit gelé de la rivière ou emprunter un chemin plus ou moins parallèle à son cours, s'écartant parfois dans les montagnes pour éviter des zones qui, en automne et au printemps, sont très marécageuses. Partis en reconnaissance sur la rivière, Alain et Fabien m'apprennent le soir qu'elle est impraticable. Une fois de plus, la voie est mal gelée, ouverte en de nombreux endroits. Il y a au choix de l'*overflow*, de la glace vive, du *pack* ou de la *slutch*. Un véritable condensé de ce qui se fait de pire ! Ce sera donc le chemin et le dénivelé qui va avec. Mais nous en avons vu d'autres et, après une journée de repos, les chiens seront d'attaque.

Et moi aussi !

22
▲▲▲

De part et d'autre de la large vallée qui relie Bayan Adarga et Mongonmorit s'élèvent des montagnes dont les flancs sont, par endroits, tapissés de grandes forêts de pins. Sur certains versants exposés au soleil et aux vents, la neige a disparu, dénudant la piste. Nous quittons alors le chemin pour retrouver une bonne glisse sur l'herbe. Je constate avec plaisir que Burka s'impose à nouveau. Elle reprend de temps en temps les rênes... ce qui semble surprendre son voisin !

Derrière le couple Burka-Miwook, Quest et Unik forment maintenant un duo bien soudé. Quest continue de réagir comme une chienne de tête. Aussitôt que je donne un ordre – surtout si celui-ci est mal compris ou n'est pas exécuté dans la seconde –, elle vire dans la direction voulue et entraîne Unik, obligeant, dans la foulée, le binôme de tête à faire de même. Quest sera une excellente remplaçante si l'un de mes deux *leaders* venait à rejoindre le « banc de touche » sur le traîneau. Pour l'heure, elle profite des multiples odeurs que la forêt diffuse généreusement.

La vallée dans laquelle nous progressons est très giboyeuse. Des traces de sangliers, cerfs, chevreuils, élans, mais aussi lynx et loups, jalonnent notre parcours. Aux grands animaux s'ajoute une belle diversité d'oiseaux : tétras-lyre, grands tétras, lagopèdes et gelinottes qui, à l'image des nombreux lièvres qui détalent devant les chiens, excitent l'attelage quand ils s'envolent avec fracas devant le traîneau. Le chemin escalade souplement la montagne pour suivre une crête, franchir un col ou traverser une forêt de pins et de bouleaux. Des hauteurs, nous surplombons les vallées au centre desquelles la glace vive des rivières brille dans le soleil de ce mois de février, qui chaque jour monte un peu plus haut dans le ciel. J'écarquille les yeux dans l'espoir de voir des animaux. J'aperçois de nombreux chevreuils, quelques cerfs et biches, et même un gros sanglier solitaire. Plus tard, mais un peu loin pour en profiter pleinement, ce sont deux loups dont les silhouettes se découpent sur une crête.

Cette journée est un enchantement ; pourtant, les lisses de mon traîneau sont soumises à rude épreuve. Il ne m'en reste que trois paires de rechange et cela m'inquiète. Pourvu que nous trouvions davantage de neige à partir de Mongonmorit ! L'itinéraire prévu traverse une immense chaîne de montagnes. Ensuite, je ferai route vers le nord, vers la Sibérie où nous savons que les précipitations ont été plus importantes qu'en Chine et en Mongolie. Pour l'heure, j'essaie d'économiser mes lisses et d'éviter les cailloux les plus saillants.

Le chemin suit le relief ; les montées, assez franches, sont aussi sportives pour les chiens que pour moi, et les descentes parfois vertigineuses ! Le manque de neige ne me permet pas de jouer du frein pour maîtriser le traîneau. Dark et Wolf, placés devant moi, appréhendent d'être percutés dans la pente et accélèrent pour éviter la charge devenue incontrôlable. Je tente de les rassurer, mais les chiens ne s'y trompent pas. Ils ont la capacité d'apprécier les nuances d'intonation les plus subtiles. On ne peut pas leur mentir. Je tombe souvent, surpris par une grosse pierre qui, dans une descente, retourne comme une crêpe le traîneau lancé à pleine vitesse. Plus loin, c'est un virage trop serré que je ne peux pas négocier. Miraculeusement, j'évite la casse même si ce soir, j'aurai sûrement l'impression d'avoir passé ma journée sur un ring de boxe.

À une centaine de kilomètres de Mongonmorit, nous quittons la vallée verdoyante irriguée par le fleuve Onon pour traverser une zone aride où la neige disparaît. Avertis, Arnaud et Pierre viennent à ma rencontre avec le kart d'entraînement que j'échange contre mon traîneau. Mes dix chiens arrachent cet engin de cent vingt kilos, auquel s'ajoute mon propre poids, comme un vulgaire fétu de paille. Leurs rapides foulées soulèvent un nuage de poussière. Au loin, nous apercevons les blancs sommets de ces montagnes que nous allons traverser pendant deux semaines.

— Courage, mes petits chiens ! Courage !

C'est à la nuit que nous arrivons enfin, au terme d'une journée de poussière peu agréable, dans le village de Mongonmorit, niché dans un creux de la chaîne des montagnes du Khentii. Nous y passerons la journée afin de préparer la suite de l'expédition avec quelques locaux dont certains, ayant accepté de me guider et de m'ouvrir la route à cheval, me rejoignent le lendemain matin.

Avec l'aide d'un interprète mongol qui accompagnera les hommes à cheval, nous discutons plus de deux heures et tentons de dessiner un itinéraire sur les cartes. Une fois de plus, les informations qu'ils me donnent sont en contradiction avec d'autres renseignements obtenus en parallèle, et même avec les cartes. Les sentiers qu'ils proposent de suivre sont sinueux et jamais empruntés, sinon par quelques chasseurs à cheval. Eux-mêmes ne se sont pas aventurés là-haut depuis des années. Ils me parlent de tempêtes ayant ravagé une forêt qu'il faudra malgré tout traverser, de plusieurs cols dont la montée et la descente sont assez abruptes pour qu'il faille mettre pied à terre, sans omettre le problème de l'enneigement, une très faible pellicule dans les vallées que nous devrons suivre et une couche très épaisse sur les hauteurs.

Dans quelle sorte de piège vais-je m'engager ?

23

11 février. Mongolie. – 23 °C.

Arrivé au pied du col, je laisse mes dix chiens attachés à la ligne entre deux arbres pour effectuer une reconnaissance, à cheval, avec mes amis mongols. Il ne subsiste plus ici qu'un semblant de piste. La vallée se resserre autour d'un étroit ruisseau gelé qui s'enfonce dans un entrelacs de végétation buissonneuse. Les chevaux peinent à se frayer un passage sur une pente glissante, puis sur le ruisseau gelé, et enfin au travers d'une forêt où nous sommes constamment gênés par des arbres couchés qu'il faut contourner. Un enfer pour un traîneau et dix chiens !

Je dois décider si nous devons rebrousser chemin et chercher à contourner ces montagnes pour atteindre la frontière russe.

La réponse est évidente. Il faut faire demi-tour.

Encore une fois, une lutte intérieure oppose ma raison à mon entêtement. S'engage alors un dialogue entre celui qui déteste faire machine arrière et veut relever le défi et cet autre qui s'insurge :

— Tu vas le regretter cent fois. Ça ne passera pas. Un peu de sérieux, pour une fois !

Je tente d'écouter cette petite voix, mais le combat est perdu d'avance. Je sais que je vais prendre une décision stupide.

— Allez, on y va. On tente !

Mes amis prennent, avec leurs sept chevaux en colonne, la tête de notre expédition. Ne connaissant pas les chiens, ils s'en remettent à ma décision ; en outre, ils ont envie de les voir à l'œuvre. Ils vont être servis !

De nombreuses sources jaillissent de la montagne. Cette eau gèle au contact de l'air et forme une épaisse carapace humide. Très vite, le traîneau dérape, entraînant dans sa chute tout l'attelage, puis va s'écraser contre la souche d'un gros arbre déraciné. J'ai les pires difficultés à me sortir de ce piège, d'autant que les chiens tirent dans tous les sens à la recherche d'un terrain plus stable. Ça commence bien…

Puis nous tombons dans un autre traquenard : une ornière en dévers. La manœuvre consiste à retenir le traîneau sur un patin, ce qui, en avançant, se révèle très compliqué puisqu'il me faut à la fois porter et marcher tout en dirigeant les chiens avec une charge en déséquilibre. L'inévitable se produit. Le traîneau se retourne et dévale, entraînant les chiens, qui hurlent de peur.

Très vite, je ne sais plus combien de fois nous avons dérapé, chuté, escaladé des obstacles en tout genre. Je n'aspire plus qu'à attaquer la montée, dans laquelle je pourrai maîtriser notre vitesse. Ce sera sans doute difficile, mais moins dangereux.

J'ai ôté ma veste, l'une de mes deux couches de polaire et ouvert en grand les zips, car je transpire malgré le froid qui règne dans l'ombre de cette vallée encaissée. Dans la montée, ma température corporelle ne baisse pas, bien au contraire : des difficultés diverses m'obligent sans arrêt à porter le traîneau sur un flanc ou sur l'autre. Je suis contraint de faire de nombreuses haltes. Nous avançons mètre par mètre, mais jamais les chiens ne flanchent. Le chemin que mes amis ouvrent dans la pente neigeuse, encombrée de pins couchés ou debout, n'en finit pas de tourner. Pour rester dans la trace qui serpente dans l'épaisse forêt, je dois constamment reporter tout mon poids d'un côté sur l'autre.

La déclivité de la pente s'aggrave au fur et à mesure que nous montons. Maintenant, il me faut pousser pour que les chiens puissent décoller le traîneau sur quelques mètres. Je le bloque le temps de reprendre notre souffle puis, à nouveau, je harangue les chiens.

— Les chiens. Allez !

Le démarrage se fait en deux temps : en entendant « les chiens », ils se calent et contractent leurs muscles comme des ressorts, qu'ils détendent dans un même effort quand le détonateur « Allez ! » claque – à l'instant où, de toutes mes forces, je pousse le traîneau. Les chiens tirent sur quelques mètres et stoppent, à nouveau bloqués dans la pente. Je suis en nage. Heureusement, j'ai deux thermos d'eau chaude que je mélange à de la neige ; il faut boire souvent pour éviter les crampes. Les chiens, eux, mangent beaucoup de neige. Les arbres arrachés par la tempête entravent notre progression. C'est une sorte de mikado géant à travers lequel il nous faut trouver une route.

Au col, je suis presque à bout. Nous nous accordons une halte. Mais il faut repartir sans tarder car la sueur dont mes vêtements sont gorgés se fige dans l'air glacé et, après avoir eu si chaud, je grelotte.

La descente est abrupte, toutefois peu d'arbres ont été arrachés de ce côté de la pente. Je bats un nouveau record de chutes. Je cesse de réfléchir et, fataliste, me contente de gérer mètre par mètre les difficultés et les obstacles. Il y a au moins une chose dont je suis sûr : je ne reviendrai pas en arrière !

Après avoir suivi le flanc de ce versant très enneigé, nous sommes forcés de rejoindre une sorte de ravine encombrée de végétation, une broussaille si épaisse que deux chiens de front ont bien du mal à avancer. Je me relève en sang d'une chute : ma tête vient de heurter un arbre. J'en ai assez ! Les chiens aussi, mais ils ne lâchent rien.

Je décide donc de rallonger le trait afin de laisser Burka seule en tête. Elle est, depuis le col, très concentrée. Juste derrière elle, Miwook laisse faire, sans doute conscient que dans un moment pareil il faut se serrer les coudes !

À plusieurs reprises, deux des cavaliers viennent à mon secours alors que je suis coincé entre les arbres. Leur aide précieuse m'évite de décharger mon traîneau pour parvenir à le déplacer ! En tête, les ouvreurs tentent de tracer la piste le plus droit possible, car ils ont bien compris qu'il m'était difficile de prendre des virages trop serrés. Passer ici en traîneau avec des chiens est aussi incongru que de s'entêter à monter un troupeau de vaches par l'escalier de la tour Eiffel !

L'après-midi est bien avancé lorsque nous débouchons dans une vallée plus accueillante, où seule l'épaisseur de neige nous contraint à batailler. Et lorsque nous nous arrêtons enfin au confluent d'une autre vallée pour camper, je suis exténué. Pendant un bon quart d'heure, je reste immobile, assis dans la neige avec Burka, incapable de bouger. Tout mon corps crie grâce.

— Merci, ma Burka. Merci ! Tu as été formidable.

De plaisir, elle cligne ses jolis yeux et j'y puise le courage qu'il me faut pour ôter les harnais de mes dix champions, les nourrir et les soigner comme ils le méritent.

24
▲▲▲

La nature fait des miracles : un repas substantiel, six heures d'un sommeil réparateur et me voilà prêt à repartir. Le froid est mordant, presque – 40 °C. Nous levons le camp au moment où le soleil apparaît sur la crête de la montagne qui nous fait face.

La neige est épaisse. Je ahane en poussant mon traîneau pour aider les chiens. La densité des aulnes est telle que parfois je ne vois plus l'avant du traîneau lorsque nous suivons les chevaux dont seule la tête émerge des broussailles. Comment les chiens font-ils pour s'accrocher ?

— C'est bien, ma Burka !

Comment ai-je pu penser qu'elle se laissait aller au point de douter de sa capacité à évoluer en tant que chien de tête ? Derrière elle, avec elle, les chiens donnent le meilleur d'eux-mêmes, sans aucun esprit de concurrence. Même Miwook, relégué à la deuxième place, ne m'en tient pas rigueur.

— C'est bien, mon Miwook ! C'est bien, les chiens !

Et je les passe tous en revue, une fois de plus, pour les encourager. Nous franchissons une zone infernale, une sorte de grand marais à élans – j'en aperçois trois et de multiples traces dans tous les sens – envahi d'aulnes. Dire que j'en bave est très en dessous de la vérité. Mais je m'efforce de garder mon calme.

— C'est bien, mes petits chiens ! C'est bien !

Le patin s'est coincé dans les broussailles, sur une berge abrupte. L'équilibre est instable et le traîneau dévale aussitôt que je libère la tension de la corde, entraînant dans sa chute quelques chiens, dont Kali, Kazan, Happy et Kamik, qui s'emmêlent dans leurs traits en essayant de se dégager. Vite, je défais les mousquetons qui les relient à la ligne de trait. C'est le seul moyen de dégager le trait central et remettre en ordre l'ensemble, *tug-lines* et *neck-lines* comprises. Les chiens s'ébrouent ; certains viennent me lécher le visage. Je décharge le traîneau et le tire hors des broussailles, jusqu'à l'orée d'une forêt de pins où mes guides ont continué de tracer une piste dans l'épaisse couche de neige. Puis je transfère tout mon bagage. Pendant ce temps, les cavaliers prennent de l'avance et c'est tant mieux, car à se suivre de trop près chiens et chevaux s'agacent mutuellement.

Fin prêt, je siffle les chiens. Je souris de les voir courir joyeusement vers moi, comme s'ils s'inquiétaient à l'idée que je puisse repartir sans eux !

Après les broussailles et les ravines, c'est la neige, toujours plus profonde, qui parfois nous bloque. Pour s'en sortir, les chiens font de grands bonds ; je dois souvent pousser moi-même le traîneau. Étonnamment, nous avançons plus vite que les chevaux, qui s'épuisent à brasser avec de la neige jusqu'au poitrail ! Plusieurs fois, mes amis sont contraints de mettre pied à terre. Juste avant le col, le vent a tassé la neige et il devient de plus en plus difficile de s'en extirper. Les chevaux renâclent.

Une bonne heure de lutte et nous y sommes enfin, basculant de l'autre côté et bénéficiant d'une neige moins compacte. Les chiens peuvent tirer le traîneau dans la tranchée laissée par les chevaux. À moi de le maintenir dans la trace. Mais le plaisir d'une progression régulière, quoique très lente, ne dure pas. Aussitôt que nous retrouvons la forêt, la bagarre reprend.

Les difficultés occultent la beauté du paysage, pourtant époustouflante. Les cimes, couleur ocre, contrastent avec le blanc de la neige et le bleu profond du ciel. Ici et là se détache le vert doux des boqueteaux de pins alors que le fond de la vallée scintille de mille feux, rehaussés par le bleu cobalt de l'eau libre qui ruisselle un peu partout. À ce spectacle s'ajoute la faune d'une extraordinaire diversité dont je vois partout les traces et parfois quelques spécimens : mouflons, cerfs, chevreuils, sangliers et élans, ainsi que de nombreux prédateurs tels que des loups et des lynx. Bien évidemment, Quest, Dark et Wolf ne ratent pas la moindre occasion de renifler ces traces !

Le soir me trouve aussi épuisé que la veille ; mais j'ai la satisfaction d'avoir franchi deux obstacles majeurs, ces cols que nous avons passés hier et aujourd'hui. Mes guides me confirment que la plupart des difficultés sont derrière nous. Toutefois, je reste prudent, car aucun d'entre eux n'est venu ici cet hiver…

25

Au lever du jour, nous surprenons six élans alors qu'ils broutent tranquillement dans une prairie d'aulnes. Puis c'est un énorme loup qui, depuis son promontoire, nous observe un long moment, hiératique, avant de disparaître dans la forêt épaisse. Plus loin, nous levons des compagnies de coqs de bruyère. Enfin, sur un versant exposé au vent où le manteau neigeux est plus mince, nous dérangeons une harde de cerfs, biches et faons occupés à gratter le sol pour atteindre l'herbe.

Bien évidemment, les chiens raffolent de cette matinée giboyeuse et brassent avec entrain dans l'épaisse couche de neige. Nous avançons courageusement, espérant atteindre ce soir un ruisseau dont j'aimerais pouvoir suivre le lit gelé jusqu'à la rivière Khagiin.

J'ai laissé Burka seule en tête. Deux chiens de front se gêneraient dans la piste étroite. Quest et Miwook se livrent une vraie bagarre à coups d'épaule, car un seul peut profiter du sillon. Afin d'économiser leurs forces et ne pas trop entamer leur moral, je permute souvent leurs places avec ceux qui les suivent. Je pousse le traîneau de toutes mes forces, tout en maintenant la flèche de ce dernier au centre de la piste. À chacun de nos arrêts, je félicite les chiens et leur prodigue des caresses généreuses.

La beauté des paysages que nous traversons atténue la rudesse de l'épreuve. Chaque minute est un enchantement ; je sais que je vis des moments exceptionnels même si c'est physiquement très dur. Mon corps répond bien aux contraintes du terrain ; en revanche, je sens bien que ma souplesse n'est plus la même qu'à trente ans, quand j'étais capable de réaliser en traîneau de véritables acrobaties. Je sais que bientôt il me faudra « raccrocher les moufles », mais d'ici là, avec mes chiens, je vais encore écrire quelques pages. Et comme ce sont les dernières, je profite de chaque instant et je m'imprègne des paysages pour les graver durablement dans ma mémoire...

Par moments, nous suivons des pistes d'élans. Comme celles-ci ont gelé, les chiens portent enfin sur de la neige dure et prennent aussitôt le trot, mais cela dure rarement et le retour à la neige molle et profonde n'en est que plus difficile.

Au crépuscule, nous arrivons enfin, exténués, sur les rives d'un lac qui se déverse dans le ruisseau que je vais suivre. Sous la glace coule encore un mince filet d'eau et j'y puise de quoi abreuver les chiens. Cette manne permet de réhydrater les croquettes dont j'augmente la dose, sachant combien les efforts de la journée ont coûté de calories.

Demain, les chevaux ne pourront pas emprunter le même itinéraire que les chiens. Ils vont, pour atteindre la vallée de la rivière Khagiin, effectuer un détour dans la montagne. Nous allons donc nous séparer ici. Alain et Fabien, partis du village situé de l'autre côté du massif en remontant la rivière Tuul puis Khagiin, étaient censés ouvrir une piste jusqu'ici, mais les nouvelles que nous obtenons par téléphone satellite ne sont pas bonnes. Mes deux amis sont bloqués par l'*overflow* : la rivière, par endroits, en est entièrement recouverte. Alain a très peu d'expérience de la glace, Fabien aucune. Ils se sont probablement fourvoyés dans une zone où ils n'auraient jamais dû aller et n'osent pas continuer, tétanisés. Nous décidons, Tchiboun – l'un de mes guides – et moi, de partir ensemble. Comme il faudra ouvrir la piste à pied, cela nous permettra de nous relayer.

À l'aube, le ciel parme et une température de $-30\ °C$ annoncent une belle journée. Le ruisseau que nous essayons de suivre mesure, à la hauteur du lac, à peine deux mètres de large. Ses méandres sont si serrés que je dois parfois regagner la berge, puis redescendre sur le ruisseau, tout en évitant les pièges que la glace ouverte sème ici et là. Sur les rives, la neige est épaisse, et Tchiboun, qui doit passer devant les chiens, s'épuise vite. Nous n'avançons pas. Je confie le traîneau à Tchiboun et ouvre la piste pendant quelques mètres, mais mon coéquipier n'a pas les réflexes nécessaires pour maintenir l'équilibre de la charge, et il renonce rapidement. Le ruisseau devient torrent et ses rives étroites offrent désormais des pentes fortement inclinées, impossibles à emprunter avec le traîneau. Je comprends maintenant pourquoi nos guides ont choisi d'effectuer un détour. Mon inquiétude grandit. Si le passage se révèle infranchissable, je n'aurai plus qu'une option, que je refuse d'envisager : faire demi-tour.

C'est ma seule chance de rejoindre la vallée de la rivière Khagiin, car la piste que suivent mes guides à travers la montagne est infranchissable en traîneau.

Deux heures plus tard, la vallée s'élargit, mais la progression reste éprouvante ; nous ne pouvons toujours pas emprunter la rivière, ouverte en de multiples endroits, et les rives escarpées sont encombrées de végétation. Dans ce genre de situation, pour se donner du courage, il faut se fixer un but, proche. Cet arbre, là-bas. Avançons jusque-là. Cent mètres en effectuant dix pas, à brasser dans la neige jusqu'à la ceinture – une pause – dix pas – une pause... L'arbre est atteint : une longue pause pour reprendre son souffle, caresser les chiens, tout en cherchant le meilleur passage pour la suite.

— Je vais descendre un peu en biais, traverser le ruisseau sur cette plaque de glace qui paraît bonne et je tirerai droit jusqu'au gros rocher là-bas.

Tchiboun approuve. Nous allons ainsi d'un objectif à un autre. Plusieurs fois, nous profitons de petites portions de glace sur laquelle nous glissons enfin. Sensation merveilleuse qui ne dure jamais longtemps... mais nous avançons. J'ai presque tout enlevé : ma veste, mes deux couches de polaire. Tchiboun a fait de même et un tas de vêtements s'amoncelle, solidement fixé sur le traîneau. Plusieurs compagnies de lagopèdes s'envolent dans nos pieds lorsque nous traversons des bouquets d'aulnes. Nous surprenons aussi quelques lièvres et plus loin un magnifique renard presque noir qui surfe plus qu'il ne court sur la neige. Le ruisseau serpente interminablement et chaque virage nous prive de la vision des réjouissances à suivre : glace ou zone ouverte dans laquelle nous pourrions tomber. Trois fois, Tchiboun saute du patin sur lequel il se tient, à l'arrière du traîneau, pour me laisser négocier un passage ouvert. Le traîneau tombe dans l'eau heureusement peu profonde : en nous aidant de la hache pour casser la glace, nous parvenons à l'en sortir sans trop de difficulté.

Et enfin, nous apercevons la rivière Khagiin ! Large, gelée, magnifique, cette route glacée nous tend les bras, mais c'est dans ceux de Tchiboun, puis au milieu de mes chiens que je tombe, ému et tellement heureux !

— Bravo, les chiens ! Bravo !

26

La vallée au centre de laquelle serpente la rivière, sous sa carapace de glace, est somptueuse. Dans une lente ondulation, les montagnes aux roches ocre, jaune et noire, ponctuées de forêts de pins centenaires, s'ouvrent sur de grands plateaux où le regard porte loin. La rivière est un miroir bleuté orné de franges de joncs dorés.

Le plaisir de courir sur cette belle surface de glace est immense. En tête, j'ai replacé le binôme Miwook et Burka, non sans avoir longuement remercié Burka pour son exploit des jours précédents.

Elle semble heureuse et rassurée. Après ces journées éprouvantes, elle va pouvoir se laisser un peu aller. Elle n'interviendra qu'en cas de coup dur, laissant à Miwook le soin de tenir la barre.

Les chiens prennent de plus en plus d'assurance sur la glace. Ils ont apprivoisé cette surface qu'ils détestaient au début du voyage. Raides, maladroits, freinant des quatre fers dès qu'ils commençaient à glisser, ils réagissent maintenant avec souplesse, maîtrisent les dérapages, se remettent vite et bien sur pied lorsqu'ils tombent. Pour aider les moins agiles d'entre eux, dont Kamik, Kazan et Dark, je détache les *tug-lines*, ce qui leur donne une plus grande liberté de mouvement.

Au début de l'expédition, les chiens cherchaient à fuir le lit gelé pour rejoindre les berges, quitte à désobéir effrontément. À présent, ils acceptent les inconvénients de la glace pour, en contrepartie, profiter d'une belle route naturelle, uniforme et dure.

Burka est tout à fait étonnante : pour éviter aux chiens placés derrière elle la tentation de rejoindre une berge accessible, elle s'en écarte ostensiblement lorsque nous passons à proximité. Miwook est brillant dans un autre registre : c'est le champion de la trajectoire. Il aurait dû être pilote de Formule 1 plutôt que chien de traîneau ! Cette qualité est rare. J'ai eu de très bons chiens de tête qui ne la possédaient pas. Si Miwook progresse encore dans la maîtrise des ordres de direction et prend confiance dans ses prises de décision, je lui prédis un grand avenir. Il formera avec Burka un sacré duo de tête.

Plusieurs grands binômes composent cet attelage. Alors que Dark et Wolf sont d'excellents *wheel dogs*, Happy et Kali forment un couple de marathoniens incroyables. Ces deux-là, avec Unik, sont des chiens qui n'ont pas de défauts. De vrais premiers de la classe, irréprochables ! Ce n'est pas le cas de leurs cinq copains, qui ont chacun leurs petits travers.

Dark est l'impatient, dont on ne peut contenir la fougue contagieuse, y compris lorsque l'on a besoin de calme et de repos.

Wolf a un pois chiche dans le crâne, que sa gentillesse ne compense pas tout à fait.

Quest est irrégulière, dissipée par son âme chasseresse. Mais des cinq chiens auxquels je reconnais des défauts, elle conserve la meilleure note.

Kamik et Kazan sont les derniers de la classe. Trop soumis, ils manquent de confiance et sont, physiquement, plus faibles que les autres, même s'ils sont tout de même capables de courir dix heures sur plus de cent kilomètres !

J'aime chacun de ces dix chiens, avec leurs qualités et leurs défauts, et j'aime l'équipe que nous formons.

La rivière Khangii se nourrit des nombreux ruisseaux et sources ruisselant des versants abrupts qui la compriment, si bien que l'eau coule sans cesse et gèle sur la glace, qui ne fait que s'épaissir tout au long de l'hiver. C'est cette eau fumante, recouvrant la glace par nappes, qui a bloqué Alain et Fabien dans leur progression. Ils l'ont confondue avec de l'eau libre, piège autrement dangereux. Mais il n'en est rien, ces zones sont solides et épaisses.

Fabien et Alain ont donc tracé une piste incohérente, recherchant systématiquement les zones enneigées qui étaient, au contraire, à éviter ; l'eau protégée par cette couverture isolante ne gèle pas. Leur piste délaisse trop souvent la rivière pour se fourvoyer dans la neige profonde des berges encombrées de végétation. Je finis par changer d'itinéraire, empruntant à peu près chaque passage que mes amis ont évité, privilégiant les zones de glace neuve, quitte à me mouiller un peu les pieds.

Si nous avons passé les montagnes, il reste plus de mille kilomètres d'ici à la frontière russe ; alors, comme disent les Sibériens :

— *Davaï ! Davaï !* En avant ! En avant !

27

Les dieux de la montagne avaient raison de m'imposer ces épreuves : ils savaient que j'en apprécierais d'autant mieux la suite... La rivière Tuul et la Khangii, dans laquelle se jette la première, sont des merveilles, les rivières dont on rêve lorsque l'on imagine un voyage comme celui-ci. Je savoure chaque kilomètre.

La progression reste difficile, car la glace est loin d'être uniforme et m'impose de nombreux passages de *slutch*, d'*overflow*, de *pack*, mais cela ne me gêne pas, au contraire. Je suis tombé amoureux de la Mongolie. Je reviendrai à l'automne prochain voir à quoi elle ressemble lorsque l'or des trembles se reflète dans les eaux transparentes. Avec quelques copains, deux canoës et une canne à mouche pour attraper nos dîners, je descendrai l'une de ces rivieres.

Pour l'heure, elles m'offrent les plus beaux atours de l'hiver : des aubes somptueuses, des crépuscules qui le sont encore davantage et des jours dont on voudrait qu'ils durent toujours. Les mots me manquent pour décrire les sensations qui me submergent. Les vallées que j'emprunte sont un véritable jardin d'Éden que la main de l'homme n'a pas dénaturé et dans lequel j'évolue avec la merveilleuse sensation d'être seul au monde.

Pourtant, la conduite reste ardue et le traîneau difficile à maîtriser. Les chutes sont violentes sur la glace dure comme du béton. Le plus délicat à négocier : les zones où, pris dans la rivière gelée, cailloux, blocs de glace et morceaux de bois créent de dangereuses aspérités. Si le traîneau vient à déraper, l'action combinée de la vitesse et de la collision avec l'obstacle provoque inévitablement une chute. Heureusement, le rembourrage de mes vêtements amortit un peu les chocs ; j'en suis quitte pour quelques hématomes.

Sur la glace, les chiens trottent, mais ils prennent le galop dès que nous trouvons des portions enneigées, dans les zones calmes où l'embâcle s'est fait avant les neiges. Par chance, la vallée va s'élargissant et l'enneigement s'améliore. Nous allons de plus en plus vite. En deux jours, nous parvenons à rattraper le retard accumulé dans la montagne. Le moral est au beau fixe, d'autant plus que chaque kilomètre, chaque jour qui passe me rapprochent de mon fils ! Nous avons rendez-vous dans moins de trois semaines... Je sais qu'il est fin prêt. Son billet d'avion est posé en évidence sur sa table de chevet, et, à l'école, ses yeux sont rivés sur la carte du monde, sur le croissant bleu du lac Baïkal...

À Batsumber, un petit village d'éleveurs, j'accorde aux chiens un temps de repos. Installés en plein soleil dans une belle épaisseur de foin, ils bâillent et s'étirent : je les masse et graisse leurs pattes. Certaines vaches, plus hardies que les autres, s'approchent pour voler du foin sous les chiens, n'hésitant pas à les déloger d'un coup de leurs cornes effilées. Armé d'un bâton, je les repousse, leur jette des cailloux, mais elles reviennent dès que j'ai le dos tourné. Alertés, les propriétaires s'empressent gentiment de les récupérer. L'un d'entre eux me rapporte même une grosse brassée de foin, qu'il est ravi d'échanger contre une photo de lui au milieu de la meute. Plus tard, nous nous retrouvons chez lui, autour d'un petit verre de vodka. Serguei est éleveur et bûcheron, mais il préfère évoquer sa passion, la chasse. Il me montre des photos de cerfs, de sangliers, d'ours et de loups. Comment lui expliquer que je préfère les voir, bien vivants, courir dans la neige ?

À l'aube du lendemain, après s'être reposés plus de trente-cinq heures, les chiens sont fous à l'idée de repartir. Le ciel, immuablement clair, nous promet une journée magnifique. Pour rejoindre la rivière Ikh Chuluut, Pierre et Arnaud ont trouvé un chemin forestier de quatre-vingts kilomètres qu'Alain et Fabien ont reconnu avant-hier. Joints la veille par téléphone satellite, les deux pisteurs m'ont fait part d'informations rassurantes : la glace est bonne, recouverte d'une couche de neige de dix à vingt centimètres. En revanche, Fabien m'a mis en garde :

— Fais gaffe sur le chemin, il y a deux descentes très verglacées et assez pentues. Au kilomètre 22, puis au kilomètre 41. Il y a aussi de nombreux passages où une épaisse couche de glace formée par des sources recouvre tout le chemin, avec un gros dévers et du vide ensuite...

Faire gaffe. Facile à dire. Lorsque des chiens sont engagés dans une passe dangereuse, ils ont tendance à accélérer pour s'éloigner au plus vite de la difficulté et du stress qu'elle leur impose. La seule parade consiste à ôter les *tug-lines* des harnais afin de pouvoir agir plus efficacement sur le frein, les chiens ayant alors moins de puissance à opposer. En cas d'extrême nécessité, il faut détacher les chiens pour les désolidariser du traîneau. C'est ainsi qu'en Sibérie j'ai négocié certains passages affolants dans les montagnes Saïan : en descendant moi-même le traîneau qui plusieurs fois m'a embarqué dans sa chute, mais c'est à ce prix que je suis arrivé entier.

La journée commence mal. Pour rejoindre le chemin, je dois emprunter la rue principale. Outre le fait qu'il faut slalomer entre les vaches, je m'aperçois trop tard d'un danger qui prêterait à rire en d'autres circonstances : les bouses ! Gelées, dures comme des pierres, elles représentent, pour le traîneau tracté par les chiens lancés au grand galop, autant d'obstacles à éviter. Pour aller droit, il faudrait que j'utilise mon frein. Mais je risque de le casser s'il se bloque contre l'une de ces bouses. Et comment, à plus de trente kilomètres à l'heure, résister à un choc au niveau du bassin contre le guidon ? Je n'ose imaginer l'état dans lequel on me ramasserait après un vol plané d'au moins dix ou quinze mètres suivi d'un atterrissage sur la route glacée !

Alors que faire ? Sauter en pleine vitesse ? La route est bordée de plots en ciment qui supportent des poteaux télégraphiques en bois. Comment les éviter ? Tout cela, je l'analyse à la vitesse de l'éclair tout en essayant de rester sur le traîneau qui effectue des bonds insensés. J'amortis comme je peux les chocs violents et répétés dont chacun manque de m'éjecter. Au secours !

— Burka !!! Doucement !!!

Perçoit-elle l'intensité de mon angoisse ? Sûrement. Mais elle ne ralentit pas. Je ne sais pas comment j'arrive debout à la fin de cette rue.

Au coin, un virage ! Là, je sais que je vais tomber. Les chiens l'abordent au grand galop, le traîneau dérape et je vois en une fraction de seconde les deux ou trois bouses gelées contre lesquelles les patins vont taper. Je vois aussi le parapet en béton d'un petit pont qui enjambe le ruisseau.

Le choc est violent. Un jet d'adrénaline me transperce comme une flèche. Je frôle le parapet ; mon vol plané s'achève en roulé-boulé sur le sol. Je glisse, freiné par la faible couche de neige recouvrant le bord du chemin. Je suis sonné. Ma tête a heurté quelque chose. Je ne sais plus du tout où je suis. Ah oui, en Mongolie...

— Mes chiens !

Je remonte sur le chemin. Le traîneau, renversé, s'est bloqué contre une congère.

— Mon Dark ! Mon Wolf… Mon Kamik, Happy…

Ils vont bien. Mon cœur fait des bonds dans ma poitrine et j'ai mal partout, surtout à la tête. Je souffle comme si j'avais couru à perdre haleine.

J'ai eu beaucoup, beaucoup de chance. Une fois de plus.

28

Le chemin monte en pente douce vers les montagnes qu'il me faut traverser pour rejoindre la rivière Ikh Chuluut. La bonne épaisseur de neige tassée qui recouvre la piste rend la conduite très confortable, un repos après cet épisode effrayant dont je me remets doucement, priant pour que les douleurs s'atténuent au plus vite. Je suis malgré tout heureux de m'en tirer à si bon compte. J'aurais parié mon traîneau que la facture serait bien plus lourde.

— C'est bien, mes petits chiens. On va y aller à la *cool* maintenant !

Dix kilomètres plus loin, sur une crête arborée, le chemin vire tout à coup et bascule dans le vide, vers la vallée. Une pente à plus de trente degrés ! Lorsque nous la découvrons, il est déjà trop tard pour stopper et décrocher les *tug-lines*. Je pèse de tout mon poids sur le frein, qui mord mal dans la neige verglacée. Bientôt, je ne maîtrise plus notre vitesse, si bien que l'avant du traîneau heurte Dark et Wolf, qui tentent par d'inutiles bonds sur le côté d'échapper à cette injuste punition.

Lorsque je vois que le traîneau risque de leur passer dessus, je tire de toutes mes forces sur le guidon et, usant de mon poids, le renverse sur le côté. Nous tombons ensemble, moi d'un côté et les chiens de l'autre. Je m'en veux de ne pas avoir su anticiper le danger.

— Désolé, les chiens.

Au kilomètre 22... Fabien m'a prévenu, je suis prêt. Je stoppe avant la descente, décroche tous les *tug-lines*, donne un tour de vis à mes pointes de frein pour qu'elles accrochent bien et repars aussitôt pour ne pas laisser aux chiens le temps de s'impatienter. Le dénivelé, déjà sévère au départ, s'accentue : une véritable piste noire ! Un cauchemar !

Ce n'est pas possible. Je vais me réveiller !

Coincé dans l'ornière qui reproduit la configuration d'une piste de bobsleigh, le traîneau devient un projectile engagé dans le canon d'une carabine. Impossible de l'en déloger, impossible de le renverser. Je sais que la chute est inévitable. Et elle ne tarde pas... Au milieu de la descente, une terrible secousse m'éjecte. J'évite de justesse une grosse souche dont les racines pointées vers le ciel sont autant d'épieux menaçants.

Lorsque je me relève, c'est pour assister au spectacle désolant de mon traîneau dévalant la pente en poursuivant les chiens prisonniers de leurs traits. Je me mets à courir, mais je tombe à nouveau... De toute façon, à quoi bon ? Le traîneau a disparu ; je ne le rattraperai que lorsqu'il aura terminé sa course folle, contre un arbre, une butte ou tout en bas. Qu'importe si je le retrouve brisé en mille morceaux, mais les chiens... mes pauvres chiens ! J'aurais dû reconnaître cette descente avant de nous y engager. N'ai-je pas reçu assez d'avertissements aujourd'hui ?

Je m'en veux. Je bous de rage.

Enfin le traîneau, au loin, planté dans la neige.

J'approche des chiens, le cœur battant. Ils m'observent, tremblants. En larmes, je vais à toute vitesse de l'un à l'autre, détache des liens qui parfois les emprisonnent, les étranglent, en coupe d'autres avec mon couteau. Je les libère un à un et les regarde marcher autour de moi.

Certains viennent me lécher, me réconforter, conscients de mon désarroi.
— Je suis désolé, les chiens ! Tellement désolé !
Miraculeusement, aucun n'a été blessé. Le traîneau est brisé mais, pour le moment, je m'en moque. Je m'octroie un long moment de récupération, avec les chiens autour de moi. Je leur parle, les caresse, leur souris, le temps de retrouver un peu de cette force qui m'a abandonné, remplacée par la peur et la honte. Burka s'est lovée tout contre moi et me regarde de ses grands yeux pleins d'amour. Je la caresse en m'invectivant.
— Je suis nul ! Nul, nul, nul !
Je répare le traîneau comme je peux, en ligaturant une traverse et en renforçant avec un morceau de bois que je taille à la hache le pare-chocs cassé et désaxé. Au prochain village, j'effectuerai une réparation plus sérieuse.
Je me suis trompé. Un chien s'est fait mal. Unik souffre d'une petite déchirure musculaire à la cuisse. Je le vois aussitôt que nous repartons.
— Viens, mon Unik.
Je le libère et l'installe confortablement à l'arrière, sur mon tapis de sol.

Au kilomètre 42, deux précautions valent mieux qu'une. Je fais toute la descente à pied avant d'y engager le traîneau, décidé à détacher les chiens si nécessaire. La descente est effectivement très raide, mais sans ornière ni glace ; la couche de neige est suffisamment épaisse et assez dure pour que mon frein fonctionne avec efficacité.

— Ça va aller, les chiens !

Je les rassure tout en détachant les *tug-lines*.

— Allez, les chiens ! Doucement !

Une merveille de descente. Les chiens savent qu'ils ne risquent pas d'être rattrapés par le traîneau et préfèrent aller doucement pour choisir leurs points d'appui, bien négocier, eux aussi, cette descente abrupte.

— C'est bien, les chiens ! C'est parfait !

La vallée dans laquelle nous arrivons, encaissée entre de hautes montagnes, est magnifique. Une rivière gelée, la Ikh Chuluut, prend sa source ici. Le bleu de la glace brille au soleil ; le blanc des bouleaux se pare, dans la lumière, des teintes variant du rose à l'or, comme les joncs dont de grandes touffes ressortent ici et là de la neige. Un enchantement.

Vers 11 heures du matin et pour la première fois de l'hiver, une soudaine montée des températures fait passer le thermomètre au-dessus de zéro. La sensation est très étrange. Un peu comme si nous avions changé de monde. J'ôte tous mes vêtements chauds, sauf ma chemise, et marque souvent des pauses pour laisser les chiens manger de la neige et se désaltérer.

Alangui par le soleil, même Dark s'est allongé, les yeux clos, et jouit de la tiède caresse des rayons. Il faut voir les chiens s'étendre de tout leur long, les coussinets de leurs pattes bien exposés au soleil, les griffes écartées. Leur plaisir est communicatif. Je me prélasse un bon moment avec eux, jusqu'à ce que l'astre commence sa lente descente, qui s'accompagne d'un retour du froid.

— On y va, les chiens ?

En une seconde, ils se remettent debout.

La piste empruntée à l'automne par les tracteurs qui approvisionnent le village en bois suit le versant nord de la vallée. Certains passages sont étroits, dangereux, car la pente est accentuée par l'épaisseur de la neige, ou pire, de la glace qui la recouvre. Plusieurs fois, nous glissons, et ce sont les chiens qui, dans un effort phénoménal, arrachent le traîneau au vide. Pour négocier ces « patinoires », une technique efficace consiste à arracher du sable ou de la terre à la montagne et à en saupoudrer la surface gelée afin que les patins accrochent mieux. Seulement cela prend du temps. Nous franchissons plusieurs de ces plaques sans encombre, mais l'une d'elles me prend au piège. Miwook dérape au mauvais moment, entraînant Burka et, à leur suite, tout l'attelage dans le dévers. Je ne peux rien faire, une fois de plus, pour retenir le traîneau. En bas de ce toboggan géant, un vide d'une dizaine de mètres au fond duquel la rivière a fait son lit. Pourvu que le traîneau ne retombe pas sur un chien ! Je ne pense qu'à ça.

Silence. Pendant quelques secondes, rien ne bouge. Les chiens me regardent. Tous semblent dire la même chose : « On a fait une connerie ? » Comme moi, le pauvre Unik a été éjecté quand le traîneau s'est retourné. Il n'a rien. Les autres non plus ; les broussailles ont freiné leur chute.

Quelle journée !

Remonter sur la piste ne va pas être une mince affaire. Il me faudra faire une dizaine de voyages, laissant aux chiens libres le soin de me rejoindre, ce qu'ils feront après une petite escapade que je leur concède volontiers, histoire de leur changer les idées.

Oui, quelle journée !

29

La nuit est claire. Je prépare un grand feu pour cuire mon repas et sécher mes affaires. Quest a déniché une carcasse de chevreuil, et quelques chiens ont récupéré des os qu'ils grignotent au bord de la rivière, où Fabien et Alain ont tracé une belle piste. Je me retiens de ne pas partir maintenant, tant j'ai hâte de découvrir ces somptueux paysages. Mais assez d'erreurs pour aujourd'hui ! Je ne vais pas prendre de risques inutiles en m'engageant de nuit sur une rivière imparfaitement gelée. Fabien et Alain sont passés il y a deux jours et les conditions évoluent vite, surtout avec cette brusque remontée des températures.

Cette nuit, le froid est revenu. Il fait − 30 °C, la journée de demain promet d'être parfaite.

Le jour n'est pas encore levé, mais les chiens sont déjà attelés et le traîneau chargé. Je guette les premières lueurs de l'aube pour quitter le camp.

Cette rivière est l'une des plus belles qu'il m'ait été donné de suivre. Elle divague au creux de cette majestueuse vallée où se dressent des forêts de bouleaux, de trembles et de pins, alternant avec de grands espaces ouverts sur des marais et des prairies. Sur la rivière, je relève une quantité impressionnante de traces de loups mais, à mon grand étonnement, je n'en croise aucun. En revanche, nous surprenons un énorme sanglier en train de retourner la terre sous la neige, à la recherche de bulbes. Il ne nous a ni sentis, ni entendus venir. Il relève brusquement son groin plein de neige et de terre mêlées et je peux presque lire au-dessus de sa tête un énorme point d'interrogation ! Son cerveau de sanglier ne trouvant aucune réponse, il démarre en trombe, mais comme les berges sont très abruptes, il n'a d'autre choix que de courir sur la rivière. Les chiens lui donnent la chasse. Je laisse faire, admirant le galop puissant de ce magnifique solitaire. Pourvu qu'il continue à fuir ! S'il venait à faire face aux chiens et à user de ses défenses affûtées comme des rasoirs, il y aurait du dégât. Mais le sanglier bifurque brusquement pour gravir la pente et échapper à cette meute de « loups » qui se rapproche dangereusement...

Nous allons ainsi trois jours durant, à raison de plus de quatre-vingts kilomètres par jour, jusqu'au village de Burgant. À cet endroit, la rivière s'élargit tout en se chargeant de *pack*.

Je m'accorde une journée de repos dans ce petit village de trois cents habitants. Alain et Fabien, qui ont deux jours d'avance sur moi, me confirment le bon état de la rivière, même s'il faut passer de plus en plus souvent dans ce *pack* qui, heureusement, est constitué de morceaux de glace assez peu volumineux et surtout friables. Mangées par le soleil, les arêtes des blocs sont fines et cassent sous les patins de leurs motoneiges. Mais la progression reste lente.

J'ai emmagasiné une telle dose de bonheur durant trois jours, je garde en mémoire tant de belles images de sangliers, de loups (j'en ai enfin aperçu une petite meute de sept), de cerfs et de mouflons, qu'il faudra bien plus qu'un peu de *pack* pour gâcher mon plaisir. Et même s'il reste plus de mille cinq cents kilomètres à parcourir, je touche au but. Cette rivière se jette dans la

Selenga, qui m'emmènera de l'autre côté de la frontière sibérienne. Je quitterai alors ce fleuve pour franchir une petite chaîne de montagnes, en suivant un sentier qu'un ami d'Arnaud a ouvert en motoneige jusqu'au lac Baïkal. Là, je retrouverai mon fils !

L'hiver, avec le mois de mars qui approche, est maintenant derrière nous. Si les températures restent froides, entre − 25 °C et − 30 °C la nuit, elles remontent rapidement dès que le soleil apparaît : les chiens commencent à avoir chaud. Je profite donc au maximum du matin pour avancer, leur accordant une longue pause aux heures les plus chaudes de la journée.

C'est pourquoi, en me levant vers 4 heures du matin pour préparer les chiens, c'est avec étonnement que je n'aperçois ni lune ni étoiles. Un petit vent se lève, porteur de neige. J'hésite. Sur la rivière, impossible d'avancer sans trace dans la neige profonde et dans le *pack*, or cette piste va vite s'effacer. Que faire ? Essayer de couvrir la plus grande distance possible tant que la piste reste visible, ou attendre un jour de plus et demander à mes amis de revenir pour refaire une piste ?

Nous ne sommes pas en avance. Le lac Baïkal a gelé tardivement et tout indique que les conditions seront mauvaises après la mi-mars, car l'épaisseur de la glace n'est pas suffisante. Je n'hésite donc pas longtemps.

— Les chiens ! Filons ! Filons !

Les chiens reçoivent cinq sur cinq. Ils foncent, freinés toutefois quand nous franchissons les zones de *pack*. La neige tombe en rafales. Un centimètre recouvre déjà la piste, puis deux...

— Les chiens ! Allez ! Allez !

La neige est collante et de petites boules se forment entre leurs doigts, si bien que je dois stopper pour les équiper de bottines.

— Vite ! Vite !

Nous repartons. Nous n'y voyons pas à plus de dix mètres. Le vent forcit encore. Dans une heure à peine, nous ne discernerons plus rien de la piste. Alors il faudra camper au bord de la rivière, attendre la fin de la tempête et que les pisteurs reviennent. Mais Burka mène la danse. Je ne saurais dire quel sens est son meilleur guide, devine-t-elle la piste sous ses pattes ou la renifle-t-elle ? Quoi qu'il en soit, le résultat est là : nous progressons.

Soudain, la tempête se calme. Le vent tombe. Quelques kilomètres plus loin, j'ai la surprise de voir à nouveau se dessiner la piste qui, derrière moi, avait disparu sous vingt centimètres de neige fraîche. Les chiens retrouvent leur vitesse de croisière. En fin de journée, nous avons progressé de plus de cent kilomètres et la frontière n'est plus qu'à deux jours de glisse…

30
▲▲▲

Nous avons laissé derrière nous ces si belles montagnes que je me suis promis de retrouver cet automne. Nous allons vite, sur un *pack* aussi épuisant pour les chiens que pour le conducteur du traîneau. Les secousses sont permanentes. Quant aux chiens, obligés de franchir d'un bond ces plaques et ces blocs de glace imbriqués les uns dans les autres, ils glissent, tombent, parfois se coincent une patte ou un ongle. Un parcours du combattant, ultime épreuve avant de franchir la frontière.

Lorsque l'on passe au travers – cela m'est arrivé trois fois – il y a généralement des signes précurseurs : le bruit de la glace qui se fend avant de casser, la couleur qui est en soi un bon indicateur des variations de l'épaisseur, le comportement inhabituel des chiens qui stoppent brusquement et reculent.

Cette fois-ci, rien.

Crac !

Et puis c'est tout.

La glace a cédé d'un coup : j'ai sombré dans l'eau glaciale et profonde de la Selenga.

Les informations que je capte et analyse à la seconde pour ne pas faire d'erreur – chacune pouvant me coûter la vie – sont les suivantes :

1. Le courant est faible et ne risque pas de nous entraîner, le traîneau, les chiens et moi, sous la glace en aval de la rivière.

2. Les chiens, à l'exception de Wolf qui est tombé aussi, sont sur une zone qui paraît solide.

3. L'avant du traîneau n'est pas immergé. Je dois donc impérativement rester dans l'eau à l'arrière pour le maintenir dans cette position pendant que les chiens tirent.

4. Sur la rive droite, il y a des conifères qui me permettront d'allumer un feu, c'est donc là que je devrai immédiatement aller si je sors de ce trou.

J'ai de la chance : la rugosité de la glace à cet endroit permet aux chiens, à l'aide de leurs griffes, de prendre un minimum d'appui. La peur au ventre, ils développent une force hors du commun, portée à son paroxysme par mes cris et mes encouragements.

Le traîneau ne sort pas du trou... Il en est arraché ! Et moi avec, ainsi que le pauvre Wolf, qui se coupe sur le tranchant d'un morceau de glace.

Burka file vers la berge.

— Oui, Burka ! Oui !

Elle s'élance.

— Hooooo, les chiens !

Comme il ne fait pas si froid, à peine − 15 °C, je prends le temps de les féliciter et de les rassurer. Dans mon traîneau, j'ai un sac étanche avec une paire de bottes de rechange, des sous-vêtements, une paire de chaussettes, une polaire... Je me change immédiatement, essore mon sur-pantalon qui finira de sécher sur moi, expose ma veste au vent et au soleil pendant que je m'occupe de Wolf, à qui je fais deux petits points de suture.

Tout de suite après, nous repartons, Wolf dans le traîneau. À côté de Dark, j'ai placé Kazan, qui n'est pas à l'aise et tire en s'écartant le plus possible de lui. Mais Dark ne se soucie pas de lui et jette de fréquents coups d'œil en arrière, vers son compagnon dont il ne comprend pas l'absence à ses côtés.

— Il est là ton Wolf, Dark !

Quant à Wolf, impossible de lui faire comprendre qu'il doit rester tranquille et qu'il ne risque rien.

— Calme, Wolf ! Calme !

De guerre lasse, je le replace à côté de Dark. Il faut voir ces deux-là se lécher le museau comme deux amoureux ! À croire qu'ils ne se sont pas vus depuis un mois ! Je ne suis pas inquiet pour Wolf. Les points sont solides et la plaie cicatrisera, même en course.

Mes vêtements sèchent sur moi, se recouvrant d'une petite couche de glace que je frotte au fur et à mesure qu'elle se forme. Je n'ai pas eu le temps d'avoir froid, l'adrénaline a jailli dans mes veines, me maintenant à bonne température. Je n'ai pas toujours eu cette chance. En Sibérie, je suis tombé dans une rivière alors qu'il faisait presque − 60 °C. Allumer un feu en moins de deux minutes est dans ce cas vital car, sous l'effet du froid, les vêtements gorgés d'eau se solidifient en quelques instants…

À une dizaine de kilomètres de la frontière, Alain et Fabien sont arrêtés par des gardes-frontière. Emmenés sans ménagement, ils vont être interrogés séparément pendant quatre heures. En effet, sans le savoir, ils ont pénétré dans une zone interdite. À force de palabres et de coups de fil à l'ambassade, l'affaire finit par se régler. Alain et Fabien sont reconduits vers le poste frontière où leur sortie du territoire a été organisée. C'est à ce poste, situé à une vingtaine de kilomètres de la Selenga, que je suis autorisé, moi aussi, à sortir du territoire avec mes chiens et à entrer en Sibérie – ou plutôt à y revenir. Et nous franchissons la frontière en douceur, même si les formalités sont longues.

La Selenga se « packise ». C'est un mot que nous avons inventé, Alain, Fabien et moi. Mes amis ont vingt-quatre heures d'avance sur le traîneau, ce qui permet à la piste qu'ils tracent en motoneige de geler. Sans cette piste, il me serait impossible d'avancer. Les chiens se blesseraient dans les glaces que la motoneige écrase, broyant les arêtes sous la chenille.

Le *pack* a une constitution très variable, en fonction de plusieurs éléments : l'époque à laquelle il s'est formé, l'épaisseur des morceaux de glace à la dérive, la température, la force du courant, la profondeur de l'eau et la géographie du fleuve. Ici, les plaques de glace ont une épaisseur de deux à dix centimètres ; les arêtes sans neige présentent des aspérités souvent coupantes. Lorsque la piste traverse ces champs de glace, les skis de mon traîneau se retrouvent coincés dans des rails dont il est presque impossible de s'extraire. Je ne contrôle plus la trajectoire : le traîneau gémit sous l'impact des coups que lui assène le *pack*. Parfois, sur de courtes portions, des habitants, pour la plupart pêcheurs, bûcherons ou chasseurs, sont passés à ski, en moto, en voiture ou même à pied. Les chiens prennent alors le galop avec soulagement, mais ce plaisir ne dure pas car ces pistes se limitent à relier entre eux certains sites et quelques chantiers. Alors nous retrouvons le *pack*.

Mais du courage, j'en ai à revendre ! Chaque kilomètre me rapproche de l'endroit où je quitterai cette rivière pour de bon… La suite et la fin de ce voyage s'effectueront alors à travers la montagne, jusqu'au lac Baïkal sur lequel nous glisserons, avec mon fils, jusqu'à l'île d'Olron.

Au crépuscule, je repère une île ou de nombreux amas de branches mortes et de troncs, arrachés aux rives par les inondations de l'automne, promettent un bon feu. Je détache les chiens, qui s'amusent un peu autour de moi puis s'aménagent des lits pour la nuit dans les branches les plus fines. Ils se blottissent les uns contre les autres, formant de grosses boules de poils. Plus tard, lorsque je me couche sur mon propre lit d'épinettes, Burka, Kamik et Kazan viennent se coller à mon sac de couchage.

— Viens là, mon Kamik. Oui, Kazan... Et toi, ma Burka...

Ils quémandent des caresses à coups de museau et gémissent de bonheur.

Ce soir, je suis un roi.

La nuit est belle. Chaudement installé dans mon sac de couchage, je reste très longtemps les yeux ouverts, perdus dans les étoiles. Puis je m'endors, tout contre mes chiens, apaisé et serein.

31
▲▲▲

9 mars – Sibérie. – 19 °C.

Quitter la Selenga est un soulagement. J'arrête le traîneau et me porte vers l'avant de l'attelage.
— Bravo, ma Burka ! Bien, mon Miwook, tu es un champion !
Le village que j'aperçois au loin se trouve à environ deux kilomètres, dans une grande plaine. Un groupe d'une cinquantaine d'écoliers qui ont suivi mon voyage et travaillé sur le programme d'éducation à l'environnement que nous avons conçu est censé venir à ma rencontre. Un rendez-vous avait été fixé sous un pont que je n'ai pas trouvé. La trace laissée par Alain et Fabien montre

qu'ils se sont perdus, se fourvoyant dans un bras de la rivière, puis dans un affluent.

J'aperçois un épaulement du terrain, en haut duquel je me gare, bien visible. Les chiens ont senti l'odeur des maisons ; ils sont difficiles à tenir... J'hésite. Je ne peux pas me rendre dans le village sans savoir où je vais me garer. Les chiens seront incontrôlables au milieu des vaches, des moutons et de leurs congénères. Mieux vaut attendre ici. Avec le tintamarre que fait Dark à lui seul, l'alerte devrait vite être donnée.

En effet, à peine cinq minutes plus tard, j'aperçois un véhicule faisant route vers moi à travers la plaine. C'est Arnaud qui, tout sourires, agite les bras.

— Génial ! Les élèves t'attendent.

Nous organisons immédiatement la rencontre au bord d'un petit lac, un peu plus à l'ouest du village. Le bus transportant les élèves s'y rendra. Nous aurons ainsi davantage de temps à consacrer aux enfants et ils profiteront mieux des chiens.

La rencontre dure deux heures. Les chiens, ravis, sont caressés, photographiés, câlinés par les jeunes, très enthousiastes. Plusieurs les reconnaissent et les appellent par leurs noms ; ils suivent le voyage sur Internet et Facebook, comme d'autres enfants dans des écoles françaises.

Une centaine de kilomètres restent à parcourir avant d'atteindre Taiojné. C'est là que débute la piste qui traverse les montagnes me séparant du lac Baïkal. Pour s'y rendre, plusieurs options sont possibles mais, comme d'habitude, les avis divergent :

— Tu dois suivre la rivière. La piste est parfaite. De toute façon, les routes qui vont au village sont presque déneigées.

— Ne passe surtout pas par la rivière ! Elle est ouverte en de très nombreux endroits, personne ne l'utilise. Prends le chemin qui passe par le nord : celui-là, au moins, est enneigé.

— Tu n'as pas le choix. Il faut prendre le chemin le plus direct, par le sud. Le chemin du nord est fermé à cause des camions qui l'ont bousillé à l'automne. Il est impraticable.

Et ainsi de suite. Une seule solution : effectuer une reconnaissance. Cinq heures plus tard, j'ai une vision plus réaliste de la situation. La meilleure solution consiste à combiner plusieurs options : un chemin sur trente kilomètres, puis la rivière, et enfin un sentier de débardage qui rejoint, à une vingtaine de kilomètres de Taiojné, la route du nord, bien enneigée.

Le lendemain, nous partons à la nuit pour profiter de la froidure de l'aube. Les chiens trottent joyeusement jusqu'à la rivière, dont nous suivons le lit jusqu'à midi. Là, couché sous un grand pin, en plein soleil, je nous accorde une sieste revigorante.

Nous arrivons au grand galop dans le petit village de Taiojné, un hameau d'à peine vingt maisons de bois – dont une cabane forestière où tous les enfants du village viennent m'aider à soigner les chiens.

La piste, qui a été préparée par deux chasseurs de Babouchkine avec leurs motoneiges Bouran, n'est pas parfaite : elle est divine. Elle traverse une vaste zone montagneuse où personne ne s'aventure en hiver, épousant des reliefs contrastés recouverts d'une forêt de trembles et de conifères, où poussent quelques bouleaux dont l'écorce brille au soleil. Une faune nombreuse et variée se plaît dans ce biotope préservé.

Soudain, dans le creux d'une longue descente, j'aperçois au loin deux élans : une femelle et son jeune de l'année, qui doit déjà peser plus de cent kilos. Les deux cervidés se tiennent au beau milieu de la piste. De part et d'autre, l'épaisseur de la neige est importante. Ces lourds animaux s'y enfoncent. Se sachant vulnérables, ils préfèrent utiliser et entretenir leurs propres pistes ou celles des hommes.

Nous fondons sur eux à grande vitesse. La femelle doit peser quatre cents kilos. Ma joie se mue en inquiétude. Comment se fait-il que cette femelle n'ait pas fui dès qu'elle nous a aperçus ?

Je connais la réponse. Elle nous assimile à une meute de loups en chasse. Et elle sait que sa seule chance d'échapper à ce danger est de faire face, de ne surtout pas s'enfuir pour aller s'épuiser dans la neige profonde, incapable d'user de sa meilleure arme : ses pattes aux sabots tranchants qu'elle balance avec précision à la tête des loups, brisant les crânes les plus durs. De nombreux *mushers* ont perdu des chiens lors d'une telle rencontre.

Cinquante mètres.

Trente mètres.

Je hurle aux chiens l'ordre de stopper tout en pesant de tout mon poids sur le frein, mais ils sont comme des chats au nez desquels vous feriez frétiller une souris.

Tout se passe très vite.

Vingt mètres.

Alors que la collision semble inévitable, au dernier instant, la femelle plonge dans la pente et les broussailles, suivie de son petit. Mes cris ont certainement modifié son jugement. Une petite alarme a dû s'allumer quelque part dans son cerveau, l'informant que ces loups étaient vraiment bizarres.

Mais Burka et Miwook ne se trouvaient qu'à quelques mètres de leurs « proies », et je ne peux plus les retenir. Mes deux *leaders* s'élancent vers la pente à leur tour, entraînant les autres chiens et le traîneau, qui termine sa course dans les broussailles.

Il me faut un bon moment pour tout remettre en ordre. La suite : cent kilomètres de pur bonheur ! Nous basculons peu à peu dans le bassin géographique du plus grand lac du monde, vieux de trente millions d'années. Je l'aperçois soudain, au loin. Une immense nappe où se mêlent le blanc et le bleu, enchâssée dans les montagnes.

— Les chiens ! Mes chiens ! Yahouuuuuuuu ! On y est !!!

Perçoivent-ils ma joie et mon émotion ? Je puis affirmer, sans l'ombre d'un doute, que oui !

32

Avant même que le train ne soit annoncé, je suis posté sur le quai de la petite station de Babouchkine. Cette demi-heure d'attente me semble une éternité !

Encore tout endormi, mon Côme me tombe dans les bras. Nous nous dépêchons de sortir de la gare. Une tente à deux places, équipée d'un petit poêle à bois en tôle légère, est montée au bord d'un ruisseau au bord duquel j'ai installé les chiens, dans un bosquet situé non loin du village. Nous y passons une soirée inoubliable. Côme prodigue aux chiens tous les soins nécessaires et se relève à 23 heures, dans le froid, car il a « oublié d'aller leur dire bonsoir » !

Le lendemain, avant d'affronter l'immensité du lac Baïkal dont je mesure les dangers, la glace comportant beaucoup de failles et du *taros* (le *pack* local), je tiens à effectuer, sur la piste empruntée la veille, un *run* d'échauffement. Côme s'est entraîné avec moi dans le Vercors, mais il n'a pas pratiqué depuis six mois et une remise à niveau s'impose.

Aujourd'hui est un pur bonheur partagé avec mon fils et mes chiens. Partis pour courir une trentaine de kilomètres, nous en avalons soixante-dix, car ni lui ni moi n'avons envie de mettre fin à ce merveilleux moment. S'il est des journées dont je voudrais me souvenir au crépuscule de ma vie, elle en fait partie ! Côme se cale juste devant moi, sur les deux patins, à proximité du frein dont il peut user pour contrôler, comme je le lui indique, la vitesse des chiens, et amorcer des virages difficiles. Il n'a rien oublié et retrouve vite ses réflexes de jeune *musher*.

Nous sommes prêts pour réaliser notre rêve : effectuer ensemble la dernière étape de plus de quatre cents kilomètres sur le Baïkal, dont certains disent qu'il est la huitième merveille du monde.

Mais les officiers du ministère des Situations d'urgence, mandatés par le gouvernement russe pour veiller à notre sécurité, me mettent en garde contre de nombreux dangers. Le lac a, cette année, gelé avec beaucoup de retard, et chaque jour s'ouvrent de nouvelles failles. Certaines atteignent plusieurs dizaines de kilomètres de long sur une largeur de plusieurs mètres. Le risque provient de ces failles difficilement décelables. En effet, la nuit, une fine pellicule de glace se reforme en surface et masque la fissure. Les véhicules passent alors au travers et les occupants n'ont que quelques secondes pour en sortir. Quatre accidents de ce type ont eu lieu hier. Heureusement, tous les passagers s'en sont tirés, à l'exception d'un chien...

Pas rassurant, d'autant que nous ne nous contenterons pas de longer les rives. Nous devons traverser le lac dans sa partie la plus large et la plus profonde, donc la plus dangereuse. Mais je rassure mes interlocuteurs. Je connais bien la glace, elle est ma partenaire depuis longtemps.

Une *oise,* camionnette locale, dans laquelle prendront place un photographe de *Paris Match*, Philippe Petit, ainsi que l'équipe de M6, m'accompagnera. Elle sera conduite par Sacha, un habitué du lac, qui testera régulièrement l'épaisseur de la glace et localisera les failles. Ainsi, Côme pourra prendre place dans le véhicule si les conditions se révèlent, sur certaines portions, trop dangereuses. Le chauffeur m'a fait la promesse solennelle de prendre mon fils avec lui en cas de problème. Côme mesure mal le danger ; je vois bien à sa mine renfrognée qu'il n'est pas convaincu par mes explications, mais il n'a pas le choix !

Un vent terrible balaie le lac Baïkal alors que je prépare les chiens.
— On va y aller quand même, hein papa ?
— On va essayer, mais s'il y a vraiment trop de vent les chiens ne pourront pas tenir sur la glace ; alors il faudra faire demi-tour ou rejoindre la rive... et attendre.
— Oh non !
— Tu voudrais que les chiens se fassent mal ?
— Ah ça non ! D'accord, on s'arrêtera alors !

Après presque deux mois de beau temps ininterrompu, j'avais fini par croire qu'un ciel blanc n'existait plus. Chaudement vêtus, car le vent est bien pire que le froid, nous partons. L'*oise* prend suffisamment d'avance pour pouvoir tester les passages, pas trop toutefois, afin que je puisse la conserver en ligne de mire dans la tempête. Près des rives, il y a beaucoup de *taros*. Nous peinons dans ce chaos, et pourtant les chiens font preuve d'une farouche volonté d'en découdre. Sentent-ils la fin ? Veulent-ils terminer avec panache ?

La neige cesse enfin de tomber, mais le vent forcit. Certaines rafales atteignent quatre-vingts kilomètres à l'heure et bousculent les chiens, jusqu'à les coucher lorsque nous nous trouvons sur des zones de glace vive ! Or, à mesure que nous nous éloignons de la côte pour éviter le *taros,* les zones enneigées s'amenuisent.

Dilemme : le *taros* ou la glace vive ? La glace vive est moins dangereuse et, de toute façon, l'*oise* dans laquelle Côme a finalement pris place ne peut pas circuler dans certains *taros* trop « épais ». J'hésite à revenir vers la rive. Le traîneau, portant au vent, glisse au point de se retrouver parfois dans des positions saugrenues, embarquant Dark et Wolf dans des acrobaties que je ne peux maîtriser. Comment font les chiens pour continuer ?

Nous avançons d'à peine trente kilomètres en quatre heures, alors que nous avions prévu d'en couvrir quatre-vingts. Par moments, nous rejoignons des zones dont la glace, plus granuleuse en surface, a retenu la neige. Un répit pour les chiens, qui retrouvent un peu d'assise et filent. J'embarque alors Côme avec moi, jusqu'à la difficulté suivante. Les chiens en bavent ; moi aussi, j'ai les oreilles qui bourdonnent à force d'entendre le vent siffler.

— C'est bien, les chiens !

Lorsque nous entrons dans la cour du monastère où nous passerons la nuit, je ne peux m'empêcher de penser que peu de chiens auraient fait ce que les miens ont accompli aujourd'hui et j'en suis fier. Très fier.

33

Nous devons traverser le lac, à présent. Soixante kilomètres en ligne droite d'une rive à l'autre, mais au moins quatre-vingts avec les inévitables détours pour contourner les failles et le *taros*.

Il fait grand beau et le vent se calme à l'aube, promettant une belle journée.

— Ma Burka. Mon Miwook. C'est notre dernière grosse étape. Lorsque l'on sera de l'autre côté, on aura gagné !

Pour quitter le monastère, il faut passer sous une arche et prendre un long virage sur un chemin caillouteux, jusqu'au Baïkal qui se trouve à deux cents mètres en contrebas. Je donne rendez-vous à Côme sur le lac car le parcours est délicat.

Effectivement, les chiens s'engagent trop vite dans la courbe et le traîneau dérape jusqu'à ce que l'un des patins se bloque contre une pierre. Je tombe, mais reste accroché au traîneau d'une main, me laissant embarquer avec lui dans la descente car, si je le lâche, Dieu seul sait où il finira sa course, sans doute dans les chiens... Les pierres me labourent les côtes. Je hurle aux chiens de ralentir, mais ceux-ci, emportés dans leur élan, ne peuvent stopper.

Jamais, dans aucune expédition, je ne me suis pris autant de gamelles ! Je ne sais pas comment j'ai pu, jusqu'ici, éviter l'accident. J'ai eu beaucoup de chance.

Il reste trois jours. Une petite voix intérieure me dit : « Nicolas, ne joue pas trop avec cette chance, en tout cas pas avec Côme ! »

Le lac Baïkal, tout de glace vêtu, est splendide. Côme est à présent avec moi et je reste concentré, les yeux rivés sur la glace dont chaque fissure, chaque changement de couleur et d'aspect m'envoie des informations que j'analyse à toute vitesse pour décider de ma route. Burka et Miwook, en tête, obéissent à la perfection.

Si la glace n'est pas adaptée à la pratique du traîneau à chiens – lesquels lui préfèrent la neige –, elle demeure un régal pour les yeux, surtout ici. Les eaux du lac sont d'une pureté légendaire et le miroir de glace d'une transparence cristalline. Les montagnes tombent à pic dans ce lac qui ressemble à un immense diamant serti entre ces splendeurs brunes, ocre et grises, tapissées de forêts.

Côme est ébahi. Il est très sensible à la beauté des paysages et aux lumières. Je l'envie de pouvoir en profiter librement, car l'inquiétude me tenaille : à tout instant, la glace peut céder sous le traîneau.

Quand les failles d'eau libre ont une largeur supérieure à un mètre, il faut les longer pour chercher un passage. Des détours qui représentent parfois plusieurs kilomètres. Souvent, d'énormes craquements retentissent. On ressent alors les vibrations de cette masse soumise à des forces extraordinaires, qui s'ouvre, craque, vibre. Les Sibériens disent que le lac vit et parle. C'est vrai. Nous le sentons vivre et nous l'entendons parler.

C'est Burka qui, depuis la tempête, a repris les rênes. Miwook se contente de suivre en maintenant un cap correspondant aux indications. Ils se complètent parfaitement et forment ensemble le couple champion grâce auquel je traverse avec une relative sérénité ce lac difficile. Je suis déjà triste à l'idée de la fin de cette expédition, qui marquera une pause dans cette relation fusionnelle que j'ai construite avec mes chiens. Je ne retrouverai une telle complicité que l'année prochaine quand nous nous élancerons ensemble sur la piste des plus grandes courses du monde, au Canada et en Alaska.

— Papa ! Regarde !

Côme vient d'apercevoir la côte. Elle se dessine à travers une sorte de brume transparente que dégage la glace chauffée par le soleil. Les chiens aussi ont vu. Ils savent désormais où nous allons et filent à plus de quinze kilomètres à l'heure, se jouant des obstacles comme de véritables virtuoses. Je jouis pleinement de l'instant présent. Nous avons l'étrange impression de naviguer sur l'eau, tant la glace est transparente. Au loin, nous devinons à la manière dont Sacha conduit son *oise*, qu'il cherche dans le *taros* un passage pour rejoindre la côte où nous allons, au fond d'une petite baie, retrouver l'équipe ainsi que Diane, la maman de Côme.

— Elle sera là ce soir, maman ?

— Demain. Nous allons dormir dans une cabane et elle nous rejoindra le matin avec Pierre et Alain.

— Et après ?

— Nous repartirons en longeant la côte jusqu'à l'île d'Olkhon. Regarde la carte, c'est ici.

— C'est bientôt fini alors ?
— Oui, bientôt... Justement, profitons-en ! Allez, les chiens !
— Allez, les chiens !

Deux heures plus tard, ivres de bonheur, nous touchons terre. Exposé au soleil, le versant de la montagne est totalement déneigé. C'est un régal de voir les chiens se rouler dans l'herbe sèche. Nous jouons un bon moment avec eux. Côme est à la fête, il court, les appelle et les caresse continuellement. Lorsqu'il est temps de repartir pour boucler sur l'herbe le petit kilomètre nous séparant des trois cabanes qui nous serviront de campement ce soir, les chiens viennent spontanément réclamer le harnais. La bonne humeur règne. Mais comment pourrait-il en être autrement ?

*

— Impossible de traverser le lac.
Arnaud, qui connaît parfaitement le Baïkal, est catégorique. Ce serait une folie. D'innombrables failles se sont ouvertes le long de la rive encombrée de *taros* à travers lequel il est, par ailleurs, impossible de passer.

— Il y a un chemin, parallèle au lac, qui nous permettrait de rejoindre l'intérieur de la baie depuis laquelle tu pourras retourner sur la glace jusqu'à Olkhon.
— Mais… ?
Car je sens bien qu'il y a un « mais ».
— Mais ça monte et ça descend sans arrêt. L'idéal serait de couper cette étape en deux, seulement l'arrivée est organisée sur l'île après-demain et…
— Et tu ne nous crois pas capables de… Pourtant on va n'en faire qu'une bouchée, de tes montagnes !

En *oise* ou en voiture, à moto ou à cheval, nombreux sont ceux qui nous rejoignent, alertés par le téléphone de la taïga ou par les médias. C'est vrai, la piste n'en finit pas de monter et descendre, escaladant et dévalant une succession de montagnes, mais, loin de le regretter, je jouis du spectacle incroyable offert par certains points de vue. Surplombant le lac gelé sur lequel dansent les fumées que le soleil irise, les glaces brillent de tout leur éclat au pied des montagnes. De nombreuses hardes de chevaux libres vivent sur ces hauteurs et parfois m'accompagnent, au grand plaisir des chiens qui rivalisent avec eux de vitesse et de puissance. Quoi de plus exaltant que la cavalcade de ces chevaux libres, crinière au vent, galopant souplement dans un nuage de neige ? Côme est aux anges. Il s'est approprié le rôle de second et m'aide en tout.

Comme prévu, les chiens avalent le relief avec une facilité déconcertante. Ils sentent bien que je tolère un certain laisser-aller, comme la plupart des professeurs avec leurs élèves à quelques jours des grandes vacances. Et les miens sont excités, enjoués, joyeux. Ils grimpent les côtes comme des chamois, dévalent les pentes comme des bolides. Fabien, qui les a soignés et entraînés durant tout l'automne, se délecte de les voir aller si vite et se porter si bien. Juste récompense pour lui qui s'est tellement investi pour en faire des athlètes.

Nous dévorons ces quatre-vingt-cinq kilomètres en moins de six heures – ce qui, avec le dénivelé absorbé, est une performance. Sur le dernier col, avant de dévaler vers le petit village de Pribaikal, appelé l'île d'Olkhon, on devine au loin le fameux cap Bourkhane, haut lieu du chamanisme sibérien, considéré comme la perle du lac Baïkal, et où l'arrivée est organisée.

Demain.

Demain, c'est fini.

34
▲▲▲

Le lac nous joue un mauvais tour. Il reste cinquante kilomètres de bonne glace, avec juste quelques passages de *taros* et une grosse faille que Sacha a repérée et sait comment franchir. Un jeu d'enfant ! Et pourtant, le ciel s'est tout à coup bouché et le vent du nord s'est levé, pleine face, comme pour m'interdire d'aller au terme de mon périple. Je précipite le départ. Je veux vite aller me mettre à l'abri de l'île. Ensuite je longerai les rives, quitte à progresser dans le *taros,* je n'ai pas le choix. Ce n'est pas ici qu'on va baisser les bras. Pas maintenant !

Côme prend place devant moi. Il porte un regard inquiet vers le lac, balayé par un puissant souffle glacé et, comme les chiens, perçoit mon inquiétude.

— Allez, les chiens ! Allez !

Ils se battent, donnant tout ce qu'ils peuvent. Côme patine, tout comme moi, pour les aider et les soulager de son poids. Il serre les dents. Nous avançons lentement, mais chaque kilomètre nous rapproche de l'île et de sa protection. En effet, à son approche, le vent se calme un peu.

Devant, plus que trente kilomètres. Derrière nous, des milliers de kilomètres… Par moments, le vent revient, hurlant dans le couloir que la grande île forme avec la rive. Puis le ciel s'ouvre et la tempête se calme. Ce dernier coup de vent était un pied-de-nez de la Sibérie, destiné à me rappeler que je dois garder mon humilité face aux puissances de la nature.

Plus que dix kilomètres, dont une grande partie sur du *taros* où le traîneau risque de verser plusieurs fois. L'équipe me laisse finir seul et rejoint le cap Bourkhane. Je demande à Côme de les suivre, pour sa sécurité. Je ne saisis pas à ce moment-là à quel point il est affecté par cette décision, car il ne dit rien.

Je reste un long moment seul avec mes chiens, dans une petite anse de l'île. M'accroupissant auprès d'eux, je vais de l'un à l'autre leur expliquer que c'est fini, leur dire combien je les aime et à quel point je suis fier de ce que nous avons réalisé ensemble. Même Dark, réceptif à l'émotion qui accompagne mes paroles et mes caresses, se tait !

— Allez, les chiens ! On nous attend et nous allons offrir un beau spectacle à ceux qui nous ont fait l'amitié de venir nous accueillir. Bien droit ! En ligne, comme à la parade !

Le *pack* n'est pas commode. Je me renverse plusieurs fois. Pour amortir les chocs, j'ai conservé ma grosse veste dans laquelle j'ai trop chaud.

Le cap est en vue… mais qui vois-je au pied de celui-ci ? Côme. Il a marché seul sur la glace pour venir à ma rencontre et me supplier de l'embarquer avec moi pour ces derniers mètres. Je suis bouleversé. J'entends des cris lointains :

— Ils arrivent ! Ils arrivent !

J'attrape Côme au passage et le place devant moi, regardant avec appréhension l'amas de glace dont le Baïkal est recouvert entre ici et l'arrivée, deux cents mètres plus loin. Comment ferons-nous, à deux, pour manœuvrer et ne pas nous retourner ? Et Côme qui n'a pas son casque ! Mais je n'ai pas la force de le priver du plaisir d'arriver avec moi. Alors je donne tout ce dont je suis capable, pour rester debout et protéger mon fils. Mon cœur bat la chamade et je ne sais plus pourquoi : la peur de tomber, l'initiative de Côme venant à ma rencontre, l'arrivée, les acclamations enthousiastes de cette foule qui s'ouvre pour nous laisser passer ?

Tout cela va si vite. Il est des instants, comme celui-ci, que l'on voudrait retenir.

Les chiens sautent au-dessus de gros blocs de glace qui s'enchevêtrent près de la rive, et le traîneau se bloque contre l'un d'eux. Un incroyable silence se fait alors que, me dirigeant vers les deux chiens les plus proches, Dark et Wolf, l'émotion me submerge. Comme un enfant, je pleure dans leur fourrure.

— Merci, Dark. Merci, mon Wolf.

Puis Kamik et Kazan...

Happy et Kali...

Quest et Unik...

Miwook et Burka...

À chacun un long baiser sur la truffe. Je ne sais pas, à ce moment-là, que Côme me suit, m'imite et félicite après moi chacun d'eux. Ce n'est que lorsque je me relève, en larmes, que cet impressionnant silence se brise soudain en applaudissements. Alors je tends les mains et montre l'attelage, puis je me mets, moi aussi, à applaudir les héros de cette histoire : mes chiens.

Remerciements

Je tiens à remercier tout particulièrement les partenaires et toutes les personnes qui m'ont permis de faire de cette Odyssée une aventure réussie !

Une expédition parrainée par Tryba,

En partenariat avec :

- Activox
- Carglass
- Aigle
- Au Vieux Campeur
- CMA CGM
- Grand Nord Grand Large
- Terres D'Aventure
- Mars France

- Royal Canin
- Voyager
- XO Éditions

Et aussi :

- Cette expédition était placée sous le haut Patronage du président de la République, monsieur François Hollande
  - Le ministère des Affaires étrangères
  - Le ministère de l'Éducation nationale
  - Le réseau CANOPÉ
  - M6, RTL et les médias qui m'ont accompagné pendant toute l'expédition : *Mon Quotidien, Ouest France, Paris Match, Le Parisien, Routard.com, Futura-Sciences, Géo Ado, France Inter, France info*, etc.

Glossaire

djee : ordre de direction : « à droite ».

débâcle : phénomène observé dans le Grand Nord à la mi-mai, lorsque les cours d'eau gelés fondent en surface et que l'eau du dégel pèse sur les couches inférieures, disloquant les blocs de glace qui sont alors emportés par le courant.

embâcle : phénomène inverse de la débâcle. Au début de l'hiver, les premiers grands froids figent les lacs et les rivières, créant des voies naturelles de déplacement.

lead dog **ou** *leader* : c'est le chien de tête dans un attelage, qui n'est pas forcément le chef de meute (le dominant, qui s'est imposé hiérarchiquement dans la meute).

ligne de trait : dans un attelage en tandem double, les chiens sont attachés deux par deux, de chaque côté d'un trait (corde) central unique.

musher : conducteur du traîneau. Ce terme est dérivé de « mush ! », ordre lancé par les mushers, proche du mot « marche ».

neck-line : cordelette rattachant par son collier le chien à son binôme, en tête, et à la ligne de trait pour les autres.

overflow **:** eau mélangée à de la neige formant une sorte de boue liquide au-dessus de la couche de glace. Elle ne gèle pas car elle est protégée par une couche de neige.

pack **:** amoncellement de blocs de glace, rendant les déplacements difficiles pour les voyageurs. Il se forme à l'embâcle lorsque le fleuve gèle, lorsque la glace à la dérive va se bloquer en certains endroits, à cause d'îles, de zones de haut fond ou d'obstacles divers tels que des rochers ou des arbres renversés.

slutch **:** couche d'eau mélangée à de la neige, formant une pâte grise. Protégée par la neige qui la recouvre, cette boue ne gèle pas, mais se fige au contact de l'air, formant un piège redoutable pour tout voyageur qui viendrait à tomber dans de la *slutch*.

stake out **:** ligne à laquelle sont attachés les chiens lorsqu'ils sont au repos.

taïga : formation végétale composée par une forêt de conifères, très fréquente au nord de l'Eurasie (en particulier en Sibérie) et de l'Amérique. Au nord, elle se poursuit par la toundra, puis la banquise.

taros : nom donné au *pack* au niveau du lac Baïkal.

tug-line : cordelette rattachant la base du harnais, au niveau du dos ou de la queue des chiens, à la ligne de trait centrale.

wheel dog : chien placé directement devant le traîneau. Il doit être costaud et endurant. C'est à lui (et à son binôme) que revient la charge de décoller le traîneau ou de recevoir le poids du traîneau sur les reins.

yap : ordre de direction : « à gauche ».

yourte : tente de feutre ou de peau démontable, supportée par une armature en bois, typique des habitations des nomades turcs et mongols d'Asie centrale.

CE ROMAN VOUS A PLU ?

Donnez votre avis
et retrouvez
d'autres lecteurs sur

LECTURE
academy.com

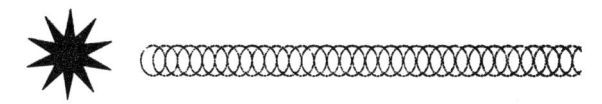

Si vous avez aimé
Avec mes chiens – L'Odyssée sauvage,
vous aimerez aussi

Belle et Sébastien

le roman du film de Nicolas Vanier
d'après l'œuvre de Cécile Aubry

(déjà en librairie)

Plus d'infos sur ce titre
dès maintenant sur le site

LECTURE academy.com

Chapitre 1

Dans le ciel de ce matin d'été, la menace planait. Alertée par une ombre fugitive, une vieille marmotte émit un sifflement d'avertissement. Aussitôt, la colonie fila vers les galeries souterraines, mais déjà l'aigle avait plongé. Il saisit un marmotton dans ses serres. Sur le pic, deux aiglons affamés réclamaient de la viande.

— Tu l'as vu ?

Le vieil homme se tourna vers son petit-fils, dont le visage exprimait le chagrin.

— Tu crois qu'il va souffrir ?

— Il est sans doute déjà mort. C'est la loi de la nature.

— Est-ce qu'elle est méchante ?

— Jamais. Mais elle peut être dure. Pourquoi crois-tu que l'on chasse ?

Il désigna son fusil, puis celui de l'enfant, en bois, reçu deux mois plus tôt pour ses huit ans. Mais le petit secoua la tête.
— Une balle, ça tue d'un coup ! On ne souffre pas !
Voilà bientôt une heure qu'ils avaient quitté la forêt pour attaquer le versant nord du massif. Au-dessus des pentes semées de fleurs, la roche affleurait, et le mauve des saponaires faisait place aux rares fleurs jaunes du génépi. Un groupe de tétras jaillit d'un taillis. Le vieux les laissa aller, sans faire mine d'épauler. Son souci, un instant oublié, revint l'assaillir quand il aperçut la trace sur le sentier. Il fit signe à l'enfant d'approcher.
— Regarde. Une empreinte pareille, c'est pas un loup. C'est la Bête.
Il murmura :
— Elle a filé par la ligne de crête. On va la suivre et avec un peu de chance...
— Tu veux la tuer, papé ?
— Trois moutons, qu'elle m'a égorgés ! Si je la laisse continuer, c'est nous qu'elle fera crever de faim.
Il fouilla dans sa poche pour en tirer une balle qu'il engagea d'un geste rapide dans le canon de sa vieille Mauser.
— À présent, je veux que tu restes silencieux. Pas un bruit !
L'enfant acquiesça. Son grand-père n'avait pas l'habitude de s'énerver pour rien, mais la Bête avait attaqué le troupeau.
Elle devait mourir.

Ils marchèrent encore une heure avant d'atteindre le col. Pas un souffle de vent ; les rapaces avaient déserté le ciel de plein midi.

L'homme et l'enfant stoppèrent à l'ombre d'un cairn. Le vieux en profita pour désaltérer Sébastien, quelques gorgées, car la journée serait longue et ils ne trouveraient pas de point d'eau sur les hauteurs. Lui se contenta d'une rasade de génépi qui lui fouetta les sangs. César connaissait si bien la montagne qu'il aurait pu trouver les sentiers les yeux fermés. Quant au petit, depuis qu'il était en âge de marcher il gambadait sur les chemins des hauts alpages et avait acquis l'agilité d'un jeune bouquetin. Voilà quelque temps que César le laissait aller seul, à condition de respecter les règles : ne pas traîner du côté des crêtes et revenir avant la tombée du jour.

Soudain, une détonation claqua. Dans les rochers, un chamois surgit et parut tituber sur la pente avant de plonger dans l'abîme. Le vieil homme jura :

— Bande de fumiers ! Tuer une femelle en plein été !

Le reste de la harde se dispersa, les mères poussant leurs petits affolés. En un clin d'œil, les animaux avaient disparu, sauf un.

Il ne devait pas avoir plus de deux mois. Il se tenait, tremblant, sur le balcon de roche où sa mère avait disparu.

César se mit en marche, suivi par Sébastien. Arrivé juste au-dessus du chevreau qui bêlait de frayeur, le berger évalua les distances. La pente était bien trop raide pour s'y risquer. D'un coup d'épaule, le berger déchargea son sac et le retourna après avoir détaché la gourde. Tombèrent un couteau et une longue corde.

— On ne peut pas laisser cette bestiole crever, bonhomme. Je vais te descendre jusqu'au rocher, au bout de cette corde. Tu mettras le chevreau dans mon sac, pour la remontée. Tu t'en sens capable ?

Sébastien acquiesça et se laissa harnacher. Pour se donner du courage, il s'efforça de se concentrer sur le bébé chamois plutôt que de penser à l'abîme qui s'ouvrait à ses pieds. L'animal pouvait basculer d'un instant à l'autre. Sans plus réfléchir, le petit garçon empoigna le cordage et se laissa glisser. Des pierres dégringolèrent, puis l'attache se tendit. La voix de son grand-père retentit au-dessus de lui :

— Quand tu auras mis le petit dans le sac, tire un bon coup et je te remonte. T'inquiète pas, je te tiens bien.

Les pieds de Sébastien touchèrent enfin le rocher. En s'approchant un peu, il parvint à glisser sa main libre sous le ventre chaud du cabri. Il tâtonna pour ouvrir le sac à dos et réussit à y déposer le petit animal, puis resserra le cordon. Ensuite, il secoua la corde, se sentit hissé, chassa toute peur de son esprit : il avait, en son grand-père, une confiance aveugle.

Composition Nord Compo

Impression réalisée par
CPI BRODARD ET TAUPIN
La Flèche
en décembre 2014

hachette s'engage pour l'environnement en réduisant l'empreinte carbone de ses livres.
Celle de cet exemplaire est de :
730 g éq. CO_2
PAPIER À BASE DE FIBRES CERTIFIÉES
Rendez-vous sur www.hachette-durable.fr

« Pour l'éditeur, le principe est d'utiliser des papiers composés de fibres naturelles, renouvelables, recyclables et fabriquées à partir de bois issus de forêts qui adoptent un système d'aménagement durable. En outre, l'éditeur attend de ses fournisseurs de papier qu'ils s'inscrivent dans une démarche de certification environnementale reconnue. »

Imprimé en France
Dépôt légal 1ère publication : octobre 2014
86.0007.6 – ISBN : 978-2-01-225650-7
Édition 02 – décembre 2014
N° d'impression : 3008627

Loi n° 49-956 du 16 juillet 1949 sur les publications destinées à la jeunesse.

après avoir détaché la gourde. Tombèrent un couteau et une longue corde.

— On ne peut pas laisser cette bestiole crever, bonhomme. Je vais te descendre jusqu'au rocher, au bout de cette corde. Tu mettras le chevreau dans mon sac, pour la remontée. Tu t'en sens capable ?

Sébastien acquiesça et se laissa harnacher. Pour se donner du courage, il s'efforça de se concentrer sur le bébé chamois plutôt que de penser à l'abîme qui s'ouvrait à ses pieds. L'animal pouvait basculer d'un instant à l'autre. Sans plus réfléchir, le petit garçon empoigna le cordage et se laissa glisser. Des pierres dégringolèrent, puis l'attache se tendit. La voix de son grand-père retentit au-dessus de lui :

— Quand tu auras mis le petit dans le sac, tire un bon coup et je te remonte. T'inquiète pas, je te tiens bien.

Les pieds de Sébastien touchèrent enfin le rocher. En s'approchant un peu, il parvint à glisser sa main libre sous le ventre chaud du cabri. Il tâtonna pour ouvrir le sac à dos et réussit à y déposer le petit animal, puis resserra le cordon. Ensuite, il secoua la corde, se sentit hissé, chassa toute peur de son esprit : il avait, en son grand-père, une confiance aveugle.

Composition Nord Compo

Impression réalisée par
CPI BRODARD ET TAUPIN
La Flèche
en décembre 2014

hachette s'engage pour
l'environnement en réduisant
l'empreinte carbone de ses livres.
Celle de cet exemplaire est de :
730 g éq. CO_2
PAPIER À BASE DE Rendez-vous sur
FIBRES CERTIFIÉES www.hachette-durable.fr

« Pour l'éditeur, le principe est d'utiliser des papiers composés de fibres naturelles, renouvelables, recyclables et fabriquées à partir de bois issus de forêts qui adoptent un système d'aménagement durable. En outre, l'éditeur attend de ses fournisseurs de papier qu'ils s'inscrivent dans une démarche de certification environnementale reconnue. »

Imprimé en France
Dépôt légal 1ère publication : octobre 2014
86.0007.6 – ISBN : 978-2-01-225650-7
Édition 02 – décembre 2014
N° d'impression : 3008627

Loi n° 49-956 du 16 juillet 1949 sur les publications destinées à la jeunesse.